Johann Daniel Metzger

Grundriss der Physiologie

Johann Daniel Metzger

Grundriss der Physiologie

ISBN/EAN: 9783744665773

Hergestellt in Europa, USA, Kanada, Australien, Japan

Cover: Foto ©Thomas Meinert / pixelio.de

Weitere Bücher finden Sie auf **www.hansebooks.com**

Johann Daniel Metzgers

Hofraths und d. A. W. ord. Professors

Grundriß

der

Physiologie.

Seiner Excellenz

dem Herrn Geheimen Etats- und Justiz-Minister

Baron von Zedlitz.

Ew. Excellenz den Wissenschaften
theurer Name vor einem Buch, ist
sein Schutzgott: sich Zedlitzen nähern zu dörfen, ist das beste Be-
glaubigungs-Schreiben für den
Schriftsteller bey dem Publikum.

Da Ew. Excellenz schon die erste
Ausgabe dieses Handbuchs gnädig
aufzunehmen geruhet, und dem Verfasser seitdem den Genuß Ihrer

* 2   fort-

fortdaurenden Gnade verstattet ha=
ben, so bittet er gehorsamst, Ew.
Excellenz wollen gnädigst erlau=
ben, daß es aufs neue unter dem
Schutz eines so erhabenen Lieblings
der Musen ans Licht trete.

Ew. Excellenz

unterthänigster Diener
der Verfasser.

Send=

Sendschreiben

an Herrn Professor Sprögel zu Berlin.

Sie haben, geehrtester Freund, mein vor 5 Jahren Ihnen zugeschicktes physiologisches Handbuch mit einer Güte aufgenommen, die mich anjetzo ermuntert, auch die zwote Ausgabe desselben, Ihrer freundschaftlichen Beurtheilung zu unterwerfen.

Jene erste Ausgabe hatte viele Mängel und Unvollkommenheiten. Ich gestehe Ihnen hier offenherzig, daß ich sie allzueilig ausgearbeitet und herausgegeben habe. Der Beweggrund dieser Eilfertigkeit war, weil ich den hiesigen Studierenden, deren Lehrer ich in der Physiologie zu werden hofte, sogleich einen Leitfaden für meine Vorlesungen liefern wollte, dessen Kürze ich durch mündlichen Vortrag zu ersetzen gesonnen war. Meine Bemühung aber war unnöthig, denn ich kannte den Geist der hiesigen Akademie noch nicht. Der herrschende Ton war damals, und ist noch, daß ein Lehrer den ganzen cursum Medicum in dictatis secundum Boerhaavium abhandelt, welchem elenden, wiewohl für nicht denkende Köpfe sehr bequemen Miß-

brauch

brauch ich zwar seit meinem hiesigen Aufenthalt
nach Kräften entgegen gearbeitet, und meine Stim=
me darwider erhoben habe; aber bis jetzo vergebens.

Diesen Umständen zu folge, wäre freylich
eine zwote Auflage dieses Handbuchs überflüßig,
und sie ist es völlig für die hiesige Schule. Es er=
regte daher wirklich meine Verwundrung, als der
Herr Verleger, mich um die Ausarbeitung einer
zwoten Ausgabe ersuchte, mit der Versicherung, daß
man sich auf einigen auswärtigen Akademien dieses
Handbuchs zu Vorlesungen bediente.

Um desto mehr glaubte ich verbunden zu seyn,
den Lehrern, die mein Handbuch bisher für brauch=
bar gehalten hatten, etwas vollkommeners zu lie=
fern. Ich habe hierauf allen denjenigen Fleiß ver=
wandt, dessen ich fähig bin; und wiewohl ich nicht
zweifle, daß sowohl ächte als unächte Kritiker noch
vieles daran zu verbessern finden werden, so ist
doch meine Absicht gewesen, ein den Bedürfnissen
jetzigen Zeiten, und mit den neuesten Entdeckungen
bereichertes Handbuch der Physiologie auszuarbeiten.

Ohnehin erhält sich kein Lehrbuch länger als 5
bis 6 Jahre in seinem ursprünglichen Werth. Die
Metho=

Methode des Vortrags mag darinnen noch so vor=
züglich seyn, so muß es, bey der Menge des Reich=
thums, den unsre Wissenschaft täglich erlangt,
nach einer gewissen Zeit mangelhaft und entweder
durch ein neues ersetzt, oder durch neue Ausgaben
wieder ergänzt werden.

Die vortrefliche Hallersche Physiologie, wo=
von Hr. Prof. Wrisberg eine neue vermehrte
Ausgabe, und Hr. Uden eine Uebersetzung ver=
anstaltet hat; Ploucquets Skizze; die neue
Ausgabe von Boerhaaves Physiologie in Eber=
hards Uebersetzung; Marcus Herz Grundriß;
Jadelots Physica hominis sani u. a. m. sind daher,
als Arbeiten vortreflicher Männer, welche den Be=
dürfnissen jetziger Zeiten abzuhelfen zur Absicht hat=
ten, (wiewohl sie nicht alle ihren Endzweck erreicht
haben) alles Lobes würdige Handbücher, durch welche
Krügers, Lösekens u. d. gl. Physiologien, über
welche meines Wissens kein aufgeklärter Lehrer
mehr liest, überflüßig geworden sind.

Da nun aber das Publikum eine hinlängliche
Anzahl neuer physiologischen Compendien in Hän=
den hat, so werden Sie mich vermuthlich fragen,

wozu

wozu noch die meinige? Ich habe dazu, Freund, folgende Beweggründe.

Allerdings zeichnet sich unter eben erwähnten Compendien Hallers Physiologie aufs vortheilhafteste aus. Sie ist durchgängig so geschätzt, daß nach Hr. Schlegels Urtheil, (welches mir jedoch etwas zu hart scheint) „ nun alle deutsche Physiologien, woraus alle diejenigen die der lateinischen Sprache nicht mächtig gewesen, irrige Lehrsätze eingesogen haben, durch die neue Uebersetzung verdrängt werden sollten. „ Ist sie aber auch deswegen die Richtschnur, nach welcher alle und jede Lehrer den Gang ihrer Ideen, und ihren Vortrag richten sollen, und müssen? Ist Haller derjenige Sterbliche, der nie irren konnte, und hat der bey seiner Größe so bescheidene Mann je selbst dafür angesehen seyn wollen? Sollte es also nicht mit Vortheil von Seiten des Lehrers und mit Nutzen von Seiten des Zuhörers füglich geschehen können, daß seine an sich vortrefliche Lehren in einen andern Vortrag eingekleidet und mit den Perlen der neuesten Entdeckungen ausgeschmückt würden?

Von

Von den übrigen so eben angeführten Compendien, halte ich **Ploucquets Skizze** allerdings
für das beste.   Ordnung, Vortrag, Ausdruck
sind in diesem Handbuche so sehr nach meinem Geschmack, daß ich mich desselben gewiß selbst bedie-
net, und an keine neue Auflage des meinigen ge-
dacht haben würde, wann mir nicht geschienen hätte,
daß die neuesten Bereicherungen der Physiologie
nicht durchgängig und hinlänglich darinnen benutzt
wären.

Und das sind die Ursachen, geehrtester Freund,
die mich zu einer zwoten, umgearbeiteten Ausgabe
meines Grundrisses veranlaßt haben.   Ich habe
in derselben nicht allein das eigene, was die angeführten Lehrbücher etwa vorzüglich auszeichnet, sondern auch dasjenige, was die neueren über die verschiedenen Menschen-Varietäten, über die Luftarten, über das Blut, über das Hirn und die Nerven, über die Verdauung, über den Bildungstrieb
u. s. w. geschrieben haben, so zu nutzen gesucht,
daß ich das unbezweifelte vom wahrscheinlichen und
das wahrscheinliche von offenbar unerweislichen
Sätzen sorgfältig unterschieden, die anatomischen

* 5   Be-

Beschreibungen hin und wieder vollständiger gemacht, die bloßen Terminologien aber, auf welche
sich viele der neuesten anatomischen Untersuchungen
einzuschränken scheinen, gänzlich vermieden habe.
Denn sie sind dem Physiologen nichts nütze.

Von dem paradoxen Systeme eines Lacaze,
Barthes, und anderer habe ich mit Vorsatz keine
Meldung gethan. Sie sind geschickter den An-
fänger zu verwirren, als zu unterrichten. Ein
Lehrer, welcher weiß, wie weit der Prüfungsgeist
seiner Zuhörer geht, wird sie immer zu rechter Zeit
vor dem Gifte dieser Heterodoxie zu warnen wissen.

Glücklich, wann ich durch diesen Grundriß
einigen Lehrern und Studirenden, wo nicht hier,
doch auf andern Schulen einen angenehmen Dienst
erwiesen haben sollte, und dreymal glücklich, wann
ich mich unserer wechselseitigen Freundschaft — bis
der Tod sie trennet, erfreuen darf. Leben Sie wohl.

Metzger.

Ueber=

Uebersicht des Ganzen.

6.

Einleitung.

§. 1.

Das Edelste der Naturgeschöpfe, der Mensch, ist der Gegenstand vieler wichtigen Wissenschaften. Als Naturkörper betrachtet, beschäftigt er den Naturforscher und den Arzt, welcher letztere es sich zur Pflicht macht, die Laufbahn des Menschen von seiner Empfängniß und Geburt an, bis an seinen natürlichen Tod, so viel möglich, von allen körperlichen Beschwerlichkeiten zu befreyen.

§. 2.

Leben, Gesundheit, Krankheit und Tod sind die Gränzen dieser Laufbahn. Erstere beyde sind dem Menschen erfreulich, die letztern unangenehm und zuwider.

§. 3.

Unterdessen sind Krankheiten zwar größtentheils vermeidlich, der Tod aber nicht; denn selbst das Leben mit der besten Gesundheit verknüpft führet zum Tode. Krankheiten und Unglücksfälle beschleunigen ihn.

A   §. 4.

§. 4.

Leben und Gesundheit hängen von gewissen Gesetzen ab, deren Inbegriff die Natur genannt wird.
Nicht allein wirken diese Gesetze unabläßig in dem
Innern des Menschen, sondern er selbst wirkt auf die
ihn umgebenden Körper, und diese wirken auf ihn.
Auch in Krankheiten ist die Natur wirksam. Ihre
gänzliche Entkräftung ist der Tod.

§. 5.

Der Arzt also, welcher seiner Pflicht (§. 1.)
genügen will, soll den ganzen Inbegriff der Natur-
gesetze inne haben, die Grade ihrer Wirksamkeit genau kennen; ihm müssen die Ursachen bekannt seyn,
welche diese Gesetze stören, oder ihren Einfluß un-
terbrechen können, auch die Mittel, wie sie wieder
hergestellt werden.

§. 6.

Die Lehre, welche die menschliche Natur, oder
die Gesetze, von welchen Leben und Gesundheit
abhängen, abhandelt, ist die **Physiologie**, welche
auch **Anthropologie**, die thierische Haushal-
tung, am besten die belebte Anatomie genannt
wird. Sie setzt die Kenntniß der unbelebten Anatomie zumvoraus.

§. 7.

Doch ist die Vergleichung dieser beyden Wissenschaften mit **Stoff** und **Form** unrichtig und
unvollkommen.

§. 8.

Der Nutzen und die Unentbehrlichkeit der Physiologie für denkende Aerzte, fällt deutlich in die
Augen und bedarf keines Beweises. Für Nichtärzte
ist sie eine angenehme und interessante Wissenschaft.

§. 9.

§. 9.

Sie ist das Resultat der genaueſten am geſun=
den ſowohl, als am kranken Menſchen angeſtellten
Beobachtungen, wiederholter Verſuche an lebendi=
gen Thieren, einer behutſamen Anwendung der
mechaniſchen und phyſikaliſchen Lehren auf die Ver=
richtungen des m. K. und der daraus richtig gefol=
gerten und nothwendig fließenden Schlußfolgen.

§. 10.

Wo uns dieſe Hülfsmittel verlaſſen, müſſen
wir unſere Wißbegierde einſchränken, und es iſt
nicht erlaubt, durch ſelbſt erſonnene Hypotheſen,
die noch übrigen Lücken dieſer Wiſſenſchaft auszu=
füllen, noch weniger ausgemachte Wahrheiten durch
dieſelben verdrängen zu wollen.

§. 11.

Nicht allezeit war die Phyſiologie ſo lichtvoll
und ſo geläutert, wie ſie jetzt iſt. Was die Alten
uns davon hinterlaſſen haben, war mangelhaft bis
auf Harvey den Entdecker der Circulation, welche
der Grundſtein aller guten phyſiologiſchen Kennt=
niſſe iſt.

§. 12.

Unterdeſſen iſt ſie noch von jener Zeit an, durch
übel angebrachte Anwendung anderer Wiſſenſchaf=
ten, nemlich der Carteſianiſchen und Newtoniani=
ſchen Philoſophie, der Chymie, der Mathematik,
der Mechanik u. ſ. w. beeinträchtiget und mit Hy=
potheſen befleckt worden, bis zu Hallers Zeiten,
welcher ſie gereinigt, in beſſere Form gebracht, mit
vielen neuen Entdeckungen bereichert, und gute
Köpfe zu ſeiner Nachahmung angefeuert hat.

A 2   Erſter

Erster Abschnit.
Naturgeschichte des Menschen.

Erstes Kapitel.
Der Mensch überhaupt.

§. 13.

Der Mensch stehet in der Reihe der Thiere oben an, und macht ein eigenes Geschlecht (genus) aus, welches zwar keine Gattungen (species,) wohl aber verschiedene Varietäten unter sich hat.

§. 14.

Dieser Varietäten sind nach einigen vier, nach andern fünf. 1. Der weisse Mensch macht die ausgebreitetste und vielleicht ursprüngliche Varietät aus; er bewohnt ganz Europa, einen Theil des nördlichen Asiens und Africa, und einen Theil von Nordamerika. 2. Der hellbraune oder oliven= farbe Mensch bewohnt den übrigen Theil von Asien; sein Gesicht ist platt, die Augen klein, die Haare dünn. 3. Der schwarze Mensch bewohnt den übrigen Theil von Afrika; er unterscheidet sich durch seine schwarze Farbe, eingedrückte Nase, stark riechenden Schweiß, und der Schafwolle ähnliche schwarze Haare. 4. Der kupferfar= bige, dunkelbraune Mensch, welcher Südame= rika bewohnt; er ist von schwächlicher leibesbe= schaffenheit und hat dünne Haare. 5. Die Ein= wohner der neuentdeckten Südsee=Inseln; sie unterscheiden sich durch ihre braune Farbe, breite Nase, dickes Haar und zum Theil durch die Stärke ihres Körpers.

§. 15.

§. 15.

Der Kakerlake, oder weiſſe Mohr iſt keine beſondere Varietät, ſondern eine durch Krankheit veränderte Art von Menſchen.

§. 16.

Der Menſch unterſcheidet ſich von den übrigen Thierarten, durch verſchiedene körperliche ſowohl, als geiſtige Vorzüge:

§. 17.

Unter jene ſind zu rechnen: die Sprache, das Lachen und Weinen u. ſ. w. vorzüglich aber 1. mehrere, feinere und vollkommenere Organen der Sinnen, als die Thiere haben. 2. Der aufrechte Gang und die dahin abzweckende Form und Bildung aller einzelnen Theile des Körpers.

§. 18.

Die geiſtigen Vorzüge concentriren ſich alle darinnen, daß der Menſch aus einer ihm eigenthümlichen, mit Vernunft begabten immateriellen Seele und einem materiellen Körper beſteht, welche durch ein unbekanntes und unbegreifliches Band mit einander verbunden ſind.

§. 19.

So lange die Seele noch mit dem Körper verbunden iſt, und auch nur einige wenige Bewegungen darinnen ſtatt haben: ſo iſt der Menſch lebendig; wann aber alle Verrichtungen und Bewegungen aufgehört haben, ſo iſt er todt.

§. 20.

Die Gränzen zwiſchen Leben und Tod ſind ungewiß. Leben kann im Körper und deſſen einzelen Theilen noch beſtehen, wann ſchon Gemeinſchaft

A 3   zwiſchen

zwiſchen Seele und Leib aufgehöret, und die Lebens-
bewegungen völlig ſtille zu ſtehen ſcheinen. Der
Tod kann daher vollkommen und unvollkommen
ſeyn. Das einzige untrügliche Kennzeichen des
vollkommenen Todes iſt die anfangende Fäulung.

§. 21.

In ſo fern der Menſch die ihm gemäße Handlungen, nach Maaßgabe ſeines Alters, Geſchlechts,
Temperaments und Leibesbeſchaffenheit fertig, vollkommen und ohne Schmerzen verrichten kann, ſo
iſt er geſund; widrigenfalls iſt er krank. Dieſe
Bedingungen beſtimmen die Gränzen zwiſchen Phyſiologie und Pathologie.

§. 22.

So lange das Leben dauret, ſo wirken Seel
und Leib wechſelsweiſe auf einander, vermöge des
Bandes (§. 18.); die Art und Weiſe aber, wie ſolches geſchehe, iſt eben ſo unmöglich zu erklären,
als jenes.

§. 23.

Die Seele hat in einem geſunden und erwachſenen Menſchen folgende Eigenſchaften: das Gedächtniß, die Einbildungskraft, die Beurtheilungskraft, welche nach und nach gebildet und
nicht ohne den geſunden Zuſtand des Körpers erlangt, noch unterhalten werden können. Mitge-
borne Begriffe giebt es nicht.

§. 24.

Es entſtehen auch aus gewiſſen Urſachen Bewegungen in der Seele, nemlich die Leidenſchaften,
welche in dem Körper, Kraft jenes Bandes, unor-
dentliche und heftige Bewegungen hervorbringen.

§. 25.

§. 25.

Wann der Körper gesund ist, so kann die Seele ihre Eigenschaften ausüben; wann er krank ist, so werden dieselbige verletzt, oder gehen verloren.

Zweytes Kapitel.
Der Körper insbesondere.

§. 26.

Der menschliche Körper insbesondere besteht theils aus festen, theils aus flüßigen Theilen. Unter den festen sind merkwürdig; die Knochen, welche den übrigen zur Grundlage und Stütze dienen; sie werden in Vergleichung mit den übrigen harte Theile genannt; die Muskeln hingegen, die Nerven, die Gefäße, die Eingeweide u. s. w. machen die weichen Theile aus: flüßig sind, das Blut, der Milchsaft, die Galle u. a. m.

§. 27.

Die thierischen Säfte erhalten ihre Flüßigkeit mehrentheils von der verhältnißmäßigen Menge Wasser, welches sie enthalten. Das übrige neigt an sich selbst mehr zur Verdickung, und besteht aus salzigen, erdigten und brennbaren Theilen in sehr verschiedenem Verhältniß. Diese Bestandtheile machen den chymischen Grundstoff des m. K. aus.

§. 28.

Das salzige löse sich am leichtesten im Wasser auf. Erde und Brennbares, nebst einer gewissen schleimigen Materie, welche sich ebenfalls in unseren Säften befindet, befördern die Verdickung.

A 4 §. 29.

§. 29.

Fixe Luft, d. i. Luft, deren Schnellkraft, zum
wenigsten größtentheils, so lange benommen ist,
bis sie sich durch Fäulung wieder entwickelt, gehört
auch zu den Bestandtheilen der Säfte. Nicht in
allen Säften ist sie in gleichem Verhältniß.

§. 30.

Flüßige Theile werden fest, durch eine genauere
Vereinigung der gröberen, und Verminderung der
wäßrigen Theile. Auch sind sie zur Ergänzung der
verlornen Grundtheile in den festen Theilen bestimmt.

§. 31.

In festen Theilen ist das Verhältniß der Erde
und des Brennbaren größer, wodurch die übrigen
Theile zur Verdickung gebracht werden. Zwischen
den erdigten Theilen befindet sich ein thierischer
Leim, welcher sie zusammen bindet. Hängt aber
nicht die Erde für sich schon allein zusammen? Oder
ist das Gluten zum Zusammenhang nöthig? Gewiß
ists, daß in der verhältnißmäßigen Menge Erde,
der Grund der Härte, und in der Proportion des
Leims die Ursache der Biegsamkeit der festen Theile
zu suchen sey.

§. 32.

Die fixe Luft ist wohl nicht die Ursache des Zu-
sammenhangs, wiewol sie mit in die Mischung der
Materie aufgenommen wird.

§. 33.

Eine Anzahl kleiner zusammenhängender Grund-
theilchen der Länge nach, ohne Breite, miteinander vereinigt, machen eine ganz einfache Faser
(fibra) aus; dergleichen nur die Einbildungkraft
sich

sich vorstellen kann. Die kleinsten sichtbaren Fasern
sind schon aus mehreren einfachen zusammengesetzt.
In die Breite vereinigt, bilden sie Membranen,
und diese zusammengerollt, Gefäße. Aus jenen
einfachen Fasern besteht der physikalische Grundstoff des m. K.

§. 34.

Nach den neuesten Entdeckungen haben in den
mehresten Theilen des m. K. die sichtbaren kleinen
Fasern eine mehr oder weniger schlänglicht gewun-
dene Direction.

§. 35.

Wiewol aber alle und jede feste Theile des m. K.
einerley Grundstoff enthalten, so haben sie doch,
ein jeder für sich, ihre eigene Struktur und in die
Summen fallende Verschiedenheiten. Der Knochen ist vom Muskel verschieden, der Nerv von der
Sehne u. s. w. Falsch ist es, daß alle feste Theile
des m. K. aus Gefäßen bestehen.

§. 36.

Aus parallelen, sich verschiedentlich kreutzenden
durcheinander geschlungenen, bald lockern, bald
dichtern Fasern entsteht das fadichte oder zelliches
Gewebe, ein überaus wichtiger Theil des m. K.
das allgemeine Band, wodurch nicht allein kleinere
Fibern unter sich, sondern auch größere Fascikuln
von Fibern miteinander verbunden werden. Es begleitet die Gefäße und Nerven in ihren Vertheilungen, und befestigt sie an die benachbarten Theile.
Das Zellengewebe bildet Hölen, in welche sich ein
feiner Dunst ergießt, oder welche durch Fett angefüllt werden. Diese Hölen haben eine allgemeine

Gemein-

Gemeinſchaft unter ſich, ſo, daß ein offener Weg von den oberſten Theilen des des m. K. bis in die unterſten geht.

§. 37.

Aus zuſammengepreßten Blättchen des Zellengewebes entſtehen Membranen, welche durch die Maceration wieder in Zellengewebe verwandelt werden. Das loſe Zellengewebe iſt mit Fett, das engere oder dichtere mit wäſſerigen Dünſten angefüllt. Hin und wieder iſt es ſchwammigt, durch angehäufte Feuchtigkeiten ausdehnbar.

§. 38.

Als ein Theil des m. K. beſitzt das Zellengewebe Lebenskraft und folglich eine eigene Kraft zur Contraction, welche ohnehin durch zuverläſſige Beobachtungen beſtätigt iſt.

§. 39.

Giebt es außerdem noch in dem m. K. einen unförmigen Grundſtoff, der von den bisher beſchriebenen verſchieden iſt? Ich zweifle: Wann ſchon die organiſche Struktur aller kleinſten Theile des m. K. nicht in die Augen fällt, ſo folgt noch nicht, daß ſie nicht organiſch ſind.

§. 40.

Die feſten Theile des menſchlichen Körpers ſind vermöge ihrer Eigenſchaften zu gewiſſen Verrichtungen fähig.

§. 41.

Dieſe Eigenſchaften ſind entweder allgemein, welche der menſchliche Körper mit anderen lebloſen gemein hat; oder eigene, welche demſelben allein zukommen.

§. 42.

§. 42.

Die allgemeinen sind diejenigen, welche von dem Bau der Theile abhängen; diese kommen dem menschlichen Körper als einer Maschine zu, und bleiben auch in dem Leichname sichtbar.

§. 43.

Hieher gehöret die Schnellkraft, vermöge welcher die Bestandtheile eines Körpers eine Neigung haben, sich entweder weiter auszudehnen, oder in einen kleinern Raum zusammen zu ziehen. Ferner die Ausdehnung, Theilbarkeit, Beweglichkeit, Schwere u. s. w.

§. 44.

Unter den Eigenschaften, welche unserm Körper eigen sind, und denselben weit über alle Maschinen erhöhen, ist erstlich die Lebenskraft, zweytens die Nervenkraft.

§. 45.

Die Lebenskraft ist eine ihrer Natur nach unbekannte, in allen Theilen des Körpers gegenwärtige Kraft, welche dieselbige zu ihren Verrichtungen, und zur Abtreibung schädlicher Dinge geschickt macht.

§. 46.

Diese Lebenskraft ist zwar allen Theilen des lebendigen Körpers eigen, aber in verschiedenem Grad; bey einigen ist sie stärker, bey andern schwächer, und bleibt einige Zeit nach dem Tode noch sichtbar.

§. 47.

§. 47.

Sie beweiset ihre Gegenwart in einigen Theilen, z. E. in Knochen und Knorpeln, bloß durch ein gewisses Schwellen (turgor vitalis).

§. 48.

In andern Theilen, besonders in Muskeln, offenbaret sie sich durch eine offenbare Tüchtigkeit zur Zusammenziehung, welche durch einen Reiß bewirkt wird. Dies ist die Hallersche Reißbarkeit. Unwahrscheinlich ists, daß sie ihren Sitz im Leim (§. 31.) hat, und eben so wenig kann sie von den Nerven hergeleitet werden.

§. 49.

Die Wirkungen dieser Lebenskraft werden von den Mechanikern eben so unrecht der Struktur des Körpers, als von den Stahlianern der vernünftigen Seele zugeschrieben.

§. 50.

Tonische Kraft, organische Kraft u. a. m. sind keine besondere Kräfte, sondern können mit unter der Lebenskraft begriffen werden.

§. 51.

Die Nervenkraft stammt von den Nerven her, sie bewirkt die Empfindung und trägt viel zu den Bewegungen bey.

§. 52.

Die Lebens- und Nervenkraft sind durch ein besonderes und unbegreifliches Band mit einander verbunden, und keine kann lange ohne die andere bestehen.

§. 53.

§. 53.

Vermöge der vereinigten Lebens- und Nervenkraft unterhalten die verschiedenen Theile des m. K. eine gewisse Mitleidenschaft (consensus) untereinander. Doch können das zellichte Gewebe, die Blutgefäße, die Aehnlichkeit der Struktur und andere Ursachen einen Antheil an dieser Erscheinung haben. Die Mitleidenschaft ist entweder eine allgemeine, nemlich aller Theile des m. K. untereinander, oder eine besondere, z. B. der Magen mit dem Kopf und dem Nervensystem; die Lungen mit den Nieren und den Fußsolen; die Brüste mit der Gebärmutter; die Gebärmutter mit dem Nervensystem; die Haut mit den Nieren und den Gedärmen; die Nerven und die Augen mit den Zeugungstheilen; diese mit der Stimme; die Leber mit den Waden u. s. w. Unwahrscheinlich wird der Grund des Consensus dem durch die Muskeln verbreiteten Nervenschleim alleine zugeschrieben.

§. 54.

Verschiedenheit in der Mischung der Säfte, im Grade der Reitzbarkeit und Empfindlichkeit, vielleicht ein elektrisches Principium in der Luft? sind die bestimmenden Ursachen der Temperamente. Speise und Trank, Erziehung, Klima u. d. gl. haben einen mächtigen Einfluß auf dieselben, und können sie umschaffen.

§. 55.

Die Eintheilung der Alten in vier Temperamente, gründet sich auf falsche Theorie. Die Eintheilungen der Neuern sind verschieden und willkührlich — Sollte man auch wohl die Temperamente

mente der Seele von den Temperamenten des Organismus mit Grund unterscheiden können?

§. 56.

Idiosynkrasien sind ganz besondere, einzelne,
von allen übrigen sehr abweichende Temperamente.

§. 57.

Vermöge jener Kräfte (§. 48. 49.) bewirket
der Körper seine Verrichtungen, welche in thierische, Lebens= und natürliche Verrichtungen eingetheilt werden.

§. 58.

Die Lebensverrichtungen sind diejenigen, welche
das Leben unterhalten; hieher gehöret der Umlauf
des Geblüts, und alles, was davon abhänget.

§. 59.

Die natürlichen Verrichtungen haben mit jenen
eine genaue Gemeinschaft; die Natur verrichtet
beyde durch die nemlichen Kräfte, nur daß jene niemals, diese aber zuweilen ruhen. Hieher gehöret
die Veränderung der Nahrungsmittel, und alles,
was davon abhängt.

§. 60.

Die thierischen Verrichtungen begreifen unter
sich die äußerlichen Sinnen und willkührlichen Bewegungen; sie sind von den beyden vorigen darinnen
unterschieden, daß jene von der Seele unabhängig
sind, diese aber von der Seele abhängen.

§. 61.

Diese Eintheilung ist zwar nicht untadelhaft.
Sie kann aber, wann man nur nicht falsche Begriffe damit verbinde, beybehalten werden.

§. 62.

§. 62.

Alle drey Arten von Verrichtungen beruhen größtentheils auf einem Antagonismus, den die verschiedenen dazu bestimmten Theile gegen einander ausüben. Uebrigens sind sie so an einander gekettet und in einander verwebt, daß jene nicht ohne diese, und diese nicht ohne jene bestehen können.

Zweyter Abschnit.
Lebens-Verrichtungen.
Erstes Kapitel.
Der Umlauf des Bluts.

§. 63.

Die flüßigen Theile des Körpers sind von verschiedener Art; unter denselben ist das Blut das vornehmste, weil in ihm alle übrige enthalten sind und aus demselben entspringen.

§. 64.

Das Blut, nebst den übrigen Säften, ist in eigenen Gefäßen enthalten, und wird in denselben immer bewegt.

§. 65.

Die Gefäße sind von zweyerley Art; die einen werden Arterien oder Schlagadern genannt, andere tragen den Namen der Venen oder Blutadern.

§. 66.

Die Arterien empfangen das Blut von dem Herzen, und führen es, durch ihre Vertheilungen in alle Theile des Körpers.

§. 67

§. 67.

Die Venen empfangen das Blut in den verschiedenen Theilen des Körpers aus den Arterien, und führen es wieder zu dem Herzen.

§. 68.

Diese unaufhörliche Bewegung wird der Kreislauf des Geblüts (circulatio) genannt; daß aber dieselbige sich so verhalte, wird durch folgende Beweise an den Tag gelegt.

§. 69.

Wann eine nicht sehr kleine Arterie verletzt wird, so wird nicht allein der ganze Bau der Arterien, sondern auch der Bau der Venen des enthaltenden Blutes beraubt, und es erfolgt ein unvermeidlicher Tod.

§. 70.

Wann eine nicht kleine Vene verletzt und dem Ausfluß des Bluts nicht Einhalt gethan wird, so geschiehet eben dasselbe, wiewohl langsamer.

§. 71.

Es ist folglich eine offene Gemeinschaft zwischen dem Bau der Arterien und Venen, durch welche das Blut aus diesen in jene, und aus jenen in diese geführt wird.

§. 72.

Wann der Stamm von einer Arterie gebunden und zwischen dem Band und dem Herzen verletzt wird, so fließt aus der gemachten Oefnung das Blut schnell und häufig heraus, wann aber die Oefnung jenseits des Herzens angestellt wird, so fließt wenig oder gar nichts heraus; es müßte dann eine benachbarte Arterie mit der verletzten eine Mündung haben.

§. 73.

§. 73.

Wann eine Vene gebunden, und zwischen dem Herzen und dem Bande verletzt wird, so fließt aus dieser Oefnung kein oder sehr wenig Blut heraus, wann die Vene sich nicht etwa mit einer benachbarten mündet: wird aber die Oefnung jenseits des Herzens gemacht, so fließt alles zum Leben nöthige Blut sehr schnell heraus.

§. 74.

Die Klappen der Venen lassen das Blut aus den Aesten in die Stämme fließen, widersetzen sich aber, wann es aus diesen in jene getrieben wird.

§. 75.

Aus den Arterien eines Thiers kann durch die ehedem unternommene Transfusion das Blut in die geöfnete Vene eines andern Thiers, und in dessen ganzes Gefäßesystem übergelassen werden. Auch gehen die Einsprizungen einer feinen Wachsmaterie aus den Arterien in die Venen, und durch diese rückwärts gegen das Herz.

§. 76.

Aus diesen Versuchen und Erfahrungen erhellet, daß das Blut in den Arterien aus den Stämmen in die Aeste, in den Venen aber aus den Aesten in die Stämme fließe, daß es in einer unaufhörlichen Bewegung begriffen sey, und aus einer Art der Gefäße in die andere übergehe. Der Kreislauf des Bluts ist also eine unumstößliche Wahrheit.

§. 77.

Erst seit 1628 ist diese Wahrheit, der Grundstein der Physiologie den Aerzten bekannt. Ihr

B   Ent-

Entdecker ist W. Harväus. Kein Widerspruch hat sie seitdem umstoßen können. Bis dahin wurde geglaubt; in den Arterien wäre Luft, in den Venen hingegen das Blut enthalten, welches aus der Leber zum Herzen käme, und durch die Blutadern vertheilt würde.

Zweytes Kapitel.
Das Blut.

§. 78.

Das Blut, welches in (§. 66. 67.) den Arterien und Venen circulirt, ist ein aus dem Chylus, im thierischen Körper, durch seine eigenthümliche Kraft zubereiteter, rother Saft, mild, ohne die mindeste Spur von Säure, noch laugenhaftem Wesen.

§. 79.

Die Quantität Bluts, welche der m. K. enthalten soll, kann nicht durch Berechnungen bestimmt werden. Es werden nach willkührlichen Sätzen von einigen 30, von andern 50 Pfund angenommen.

§. 80.

Ob zwischen Arterien- und Venen-Blut, in Rücksicht auf die Mischung und Farbe ein merklicher Unterschied sey, ist noch nicht durch hinlängliche Versuche entschieden.

§. 81.

Die bisher gebrauchten Hülfsmittel, um die Beschaffenheit, die Bestandtheile, und die Ursachen der rothen Farbe des Bluts kennen zu lernen, sind
1. die Vergrößerungsgläser, durch welche man das
Blut

Blut in den Gefäßen beobachtet. 2. Die chymischen Untersuchungen des aus einer geöfneten Ader
gelassenen Bluts.

§. 82.

Durch die Vergrößerungsgläser hat man gesehen, daß das Blut aus kleinen Kügelchen bestehe,
welche besonders in kleinern Gefäßen sichtbar sind.
Ihre Gestalt ist bald rund, bald eyförmig, bald platt,
mit einem dunkeln Fleck in der Mitte, bald ring-
förmig beschrieben worden.

§. 83.

Aus diesen unübereinstimmenden Beschreibungen läßt sich schon schließen, daß diese Kügelchen
keine wesentliche Bestandtheile des Bluts, sondern
nur rothe Bluttheilchen sind, welche in wässerigen
Theilen schwimmen.

§. 84.

Am wenigsten ist es mit der Natur übereinstimmend, daß ein rothes Blutkügelchen aus sechs gelben, und ein gelbes aus sechs weißen bestehen, und
hievon die rothe Farbe des Bluts abhängen soll.

§. 85.

Die bisher gegebenen chymischen Untersuchungen des aus der Ader gelassenen Bluts sind eben
so wenig übereinstimmend noch befriedigend. Alles,
was durch Hülfe des Feuers, und durch Beymi-
schung starkwirkender Salze und Geister aus dem
Blute erhalten wird, scheint verdächtig und kann
keinesweges unter die Bestandtheile desselben aufgenommen werden.

§. 86.

Das aus der geöfneten Vene eines gesunden Menschen in ein Gefäß gelassene frische unvermischte Blut, stellet einen flüßigen, warmen, dichten, gleichling rothen, undurchsichtigen, dem Gefühl nach klebrigen, öhlichten Saft dar.

§. 87.

Sollte das Blut wohl in diesem Zustand und so lange es in den Gefäßen circulirt, eine Reitzbarkeit oder Lebenskraft besitzen, oder ein unbekanntes flüchtiges alle Theile des lebenden Körpers durchdringendes Principium? Gewiß ist, daß Bluttheile in feste verwandelt schon mit Reitzbarkeit begabt sind.

§. 88.

Ist es diese lebende Kraft, welche zugleich mit dem aus dem warmen Blute steigenden Dampf verfliegt, mittlerweile das Blut an der Luft seine aus den Gefäßen mitgebrachte Wärme verliert? Ein Theil des Brennbaren aus dem Blute geht wohl mit diesem Dampf in die Luft.

§. 89.

Nunmehr fängt die rothe Masse an, sich zu verdicken, und hängt sich vermöge ihrer Zähigkeit an dem Rand des Gefäßes an. Nicht lange hernach erscheinen an diesem Rande Luftblasen, von der im Blute gewesenen fixen, sich nun entwickelnden Luft entstehend.

§. 90.

Allmählich trennet sich das Blut in zwo verschiedene Substanzen; eine flüßige, gelbe, durchsichtige; und eine festere, rothe in einen runden Kuchen sich zusammenziehende, welche in jener gleich einer Insel schwimmt.　　　　　§. 91.

§. 91.

Die Ursache dieser Gerinnbarkeit ist nicht Wärme, oder Kälte, nicht Ruhe, sondern die Luft. Auch ist derselben die hellrothe Farbe des Blutkuchens in seiner Oberfläche zuzuschreiben.

§. 92.

Das Serum, oder Blutwasser ist mit einem Theil Wasser vermischt, welches im Abdampfen davon geht, nebst etwas Mittel-Salz und Schleim.

§. 93.

Der größte und vornehmste Theil aber ist gallertartig, wird durch starke mineralischen Säuren, durch starken Weingeist, durch eine Hitze von 150 Graden, und durch beygemischtes Brennbares z. B. ungelöschten Kalch, ohne erregte Hitze, in eine dem gekochten Eyweiß ähnliche Masse verwandelt, welche durchs fernere Abtrocknen hornartig wird und von nun an unauflöslich ist.

§. 94.

Wann der rothe Blutkuchen auf ein reines Tuch gelegt, mit warmen oder kalten Wasser begossen, und ausgedrückt wird, so geht alles rothe mit dem Wasser in das untergesetzte Gefäß über. Dies sind die Blutkügelchen, welche (§. 82.) in den Gefäßen beobachtet werden. Sie sind nun in dem Wasser zerstreut und verdünnt; aber das Wasser bleibt dennoch roth.

§. 95.

Auf dem reinen Tuche bleibt eine weiße, zähe, dichte in Fasern gesammelte Materie zurück, welche dem Blutkuchen seine Festigkeit gab; eine Substanz eigener Art, von dem Serum darinnen verschie-

B 3   den,

den, daß sie durch brennbaren Stoff nicht gerinnet, sondern flüßig bleibt. Sie ist im Blute in großer Menge vorhanden, wird durch das Phlogiston darinnen flüßig erhalten, und vielleicht durch ein Uebermaaß desselben zur Entzündungskruste.

§. 96.

Oder ist vielleicht diese Entzündungskruste eine Wirkung der vermehrten Reitzbarkeit im Blute (§. 87.)?

§. 97.

Wenn frisches Blut in kochendes Wasser gelassen wird, so geht diese Substanz sogleich unter ihrer eigenen Gestalt in das Wasser über. Wann man das frische Blut mit einer Ruthe schlägt, so hängt sie sich fadenförmig an dieselbe.

§. 98.

Sie wird von einigen der käsichte Theil des verdickten Blutwassers, von andern zellicht netzartig von andern der Schleim des Bluts genannt; auch von andern für eine besondere geronnene Lymphe angesehen.

§. 99.

Die in das Wasser übergegangene nicht aufgelößte, sondern nur vertheilte rothe Materie, sondert sich durch die Ruhe, und durchs Kochen von demselben in loser, käsichter Substanz von brauner Farbe wieder ab, welche im Trocknen schwarzbraun wird, und ohnbezweifelt die rothfärbende Materie des Bluts ausmacht.

§. 100.

Diese Materie ist nicht ein Harz, sondern wahrscheinlich eine Erde, aus welcher jedoch die Gewalt
des

des Feuers verschiedene Produkten herauspreßt, die gemeinen Erdarten nicht eigen sind.

§. 101.

Nur durch die Tortur des Feuers werden Eisentheilchen in dieser Bluterde erzeugt, deren sonst der Magnet keine darin entdecken kann, und welchen daher auch die rothe Farbe des Bluts nicht zuzuschreiben ist. (§. 97.)

Wo ist aber diese Röthe herzuleiten? Kommt sie von der in den Lungen eingesogenen oder sonst auf das Blut wirkenden Luft? oder von dem Beytritt der unter der Blutgährung entwickelten Feuertheilchen? oder von einem brennbaren aus zerstörter phosphorischer Materie? oder vielmehr von dem mit der Bluterde combinirten Phlogiston, ohne welches sie grünlicht ist?

§. 102.

Wahrscheinlich ist also immer das Blut desto dunkelrother, je mehr Brennbares in seiner Erde enthalten, und das Blut der Schwarzen (§. 14. No. 3.) mit demselben so übersättigt, daß es dem Malpighischen Netze eine schwarze Farbe giebt.

§. 103.

Blutgeist, Blutsalz, Blutöhl, und andere durch Feuer, Salze, und Geister erhaltene Produkten des Bluts, elastische Luft ist eben so wenig darinnen enthalten, sind keine Bestandtheile desselben.

§. 104.

Die drey Hauptbestandtheile des Bluts sind also 1. das Serum 2. die Faserartige; 3. die rothe Substanz. Sich selbst überlassen geht das Blut

in

in Fäulniß aber, zerfließt, und erzeugt fixe Luft, ent=
zündliche Luft, und eine beträchtliche Quantität ei=
nes flüchtigen Aschensalzes.

§. 105.

Das Blut ist der Stoff, aus welchem feste
Theile ersetzt, und alle übrige Säfte des thierischen
Körpers abgeschieden und zubereitet werden.

§. 106.

Das Blut ist der Grund der thierischen Wär=
me, an welcher jedoch die Nervenkraft einen unstrei=
tigen, wiewohl unerklärbaren Antheil hat. Das Blut
eines gesunden Menschen, besitzt eine Wärme von
92 — 100 Graden. Der Mensch gehört unter die
warmblütigen Thiere, welche ein doppeltes Herz
haben, und athmen.

§. 107.

Die Ordnung der Materien erfordert also, daß
wir nun zuvörderst von dem Herzen, und hiernächst
von den obigen zur Blutmachung und dem Umlauf
des Bluts dienenden Organen reden.

Drittes Kapitel.
Das Herz.

§. 108.

Das Herz, ein kegelförmiger, mit vier Höhlen
versehener starker Muskel, liegt in dem un=
tern Theil der Höhle der Brust; es ist von den Lungen
umfaßt, in einem Sacke verschlossen, welcher der
Herzbeutel genannt wird, und liegt auf dem Zwerch=
felle mit seiner Seitenfläche. Die Spitze ist nach
der linken Seite, der Grund nach der rechten
gekehret. §. 109.

§. 109.

Der Nutzen des Herzbeutels ist, das Herz hinlänglich zu befestigen, damit es nicht aus seiner Lage komme, dennoch aber eine freye Bewegung erhalten möge.

§. 110.

Die absondernden Gefäße des Herzbeutels ergießen eine wässerige Feuchtigkeit in denselben, welche das Herz allezeit äußerlich befeuchtet, und verhindert, daß es nicht mit demselben verwachse; sie wird durch einsaugende Gefäße wieder aufgenommen.

§. 111.

Das Herz bestehet aus vier Höhlen, nemlich zwey Ohren, und zwey Herzkammern; die Ohren liegen an dem obern und breiten Theile, die Kammern machen den mittlern Theil aus, darunter die linke sich bis in die Spitze erstreckt, welche gegen die linke Seite zugekehrt ist.

§. 112.

Die rechten Höhlen des Herzens liegen vorwärts, die linken aber nach hinten zu: eine musculose Scheidewand trennet die Kammern, eine mehr membranöse die Ohren.

§. 113.

Alle vier Höhlen sind aus starken Fleischfasern zusammengesetzt, die Ohren minder als die Kammern; die linke Herzkammer ist stärker und länger, als die rechte, die rechte ist schwächer und breiter als jene.

§. 114.

Die Ohren bestehen aus einer weiten Höhle (atrium) und einem damit verbundenen Anhang (appendix); sie sind unter sich von gleicher Weite; die Kam-

B 5

mern sind es ebenfalls. Zwischen beyden Ohren ist eine Scheidewand, in welcher die eyförmige Grube und der eyförmige aus Muskelfasern bestehende Ring merkwürdig sind.

§. 115.

In das rechte Ohr ergießen sich die beyden Hohl-adern, welche alles Geblüt aus dem ganzen Körper zurückbringen; in die linke senken sich die vier Lun-genvenen. An der Gränze der Hohladern und des rechten Ohrs liegt die Eustachische Klappe, deren Nutzen sich eigentlich in der besondern Circulation bey dem Kinde in Mutterleibe äußert. (S. sechster Abschnitt. Kap. 6.)

§. 116.

Zwischen dem rechten Ohr und der rechten Kam-mer ist eine sehnichte dreyspitzige Klappe (valvula tricuspidalis) zugegen, welche durch Sehnen an die warzenförmigen Muskeln der rechten Kammer befe-stigt ist; zwischen dem lincken Ohre und seiner Kam-mer ist eine eben dergleichen zweyspitzige Klappe (val-vula mitralis) befindlich; sie lassen sich an die Sei-ten der Kammern, aber nicht an die Seiten der Oh-ren andrücken.

§. 117.

Aus der rechten Herzkammer entsteht die Lun-gen-Arterie; aus der linken entsteht die große Arterie (aorta). An beyder Ursprung liegen drey halbmondenförmige Klappen (valvulae semilunares), welche Fleischfasern besitzen, und in der Mitte ein Knöpfchen haben; sie lassen sich an die Seiten der Arterien, nicht aber an die Seiten des Herzens an-drücken. Die Klappen der großen Arterie bede-

cke,

cken die Oefnungen der Kranzarterien (coronariae) des Herzens nicht.

§. 118.

Die Ohren und die Kammern sind wechselsweise erweitert und ziehen sich wieder zusammen; sie sind folglich in einer immerwährenden Gegenbewegung (antagonismus) begriffen.

§. 119.

Wann das rechte Ohr erweitert ist, so tritt das Blut aus den Hohladern hinein, und erwartet die Erweiterung der rechten Herzkammer.

§. 120.

Gleich darauf zieht sich das rechte Ohr zusammen, und treibt das Blut in die rechte Kammer; es kann wegen dem Wiederstand des nachfolgenden Blutes und der Eustachischen Klappe nicht wieder zurück.

§. 121.

Die erweiterte Herzkammer nimmt das Blut auf, welches daselbst die Erweiterung der Lungen-Arterie erwartet.

§. 122.

Es kann nicht sogleich in dieselbe hineintreten, da ihre Oefnung mit der dreyspitzigen Klappe bedeckt ist.

§. 123.

Nun zieht sich die rechte Herzkammer zusammen, und treibt das empfangene Blut in die Lungenarterie, welche allein offen steht, indem die dreyspitzige Klappe sich schließet, die Oefnung der Lungenarterie befreyet, und den Rückweg in das Ohr verschließt. Die halbmondförmigen öfnen sich und werden gegen die Seiten der Arterie gepreßt.

§. 124.

§. 124.

Gleich darauf zieht sich die Lungenarterie zusammen und treibt das Blut in die Aeste der Lungen. Unter dieser Verengerung schließen sich die halbmondförmigen Klappen und verhindern das Blut zurück zutreten.

§. 125.

Das Blut welches durch die Lungen umgelaufen, kömmt sämtlich in vier Stämmen von Venen zusammen, und aus diesen in das linke Herzohr, wo es die Erweiterung der linken Herzkammer erwartet.

§. 126.

Hierauf folgt die Zusammenziehung dieses Ohrs, wodurch das Blut in die linke Kammer getrieben wird, es kann nicht zurückgehen, wegen dem Wiederstand des ankommenden Geblüts.

§. 127.

Es kann auch nicht gleich beym Eintritt in die Kammer, in die große Arterie übergehen, weil ein Theil der zweyspitzigen Klappe die Oefnung derselben bedeckt.

§. 128.

Bey erfolgender Zusammenziehung der Kammer, wird dem Blut ein Stoß mitgetheilt, durch dessen Gewalt es in dem Gefäße-System fortbewegt und der neu ankommenden Welle der nöthige Raum verstattet wird; die zweyspitzige Klappe schließt sich zu gleicher Zeit; sie befreyt die Oefnung der Arterie, und läßt das Blut nicht in das linke Ohr zurück treten.

§. 129.

Die große Arterie ziehet sich hierauf zusammen, und treibt das Blut in ihre Aeste; die drey halbmond-

mondförmigen Klappen schließen sich vermöge des
druckenden Bluts, und versperren demselben den
Rückweg in das Herz.

§. 130.

Die beyden Ohren und beyde Arterien sind zu
gleicher Zeit in ihrer Zusammenziehung und Erweiterung begriffen.

§. 131.

Die beyden Kammern wechseln mit jenen ab,
sie sind in der Erweiterung, wann die Ohren zusammengezogen, und in der Zusammenziehung, wann
diese erweitert sind. Bey dieser Zusammenziehung
krümmt sich die Spitze des Herzens, und schlägt
an die Rippen; das ganze Herz verkürzt sich und
wird nicht blaß. Niemalen werden die Höhlen des
Herzens vom Blute ganz entlediget.

§. 132.

Der Kreislauf des Geblüts durch den ganzen
Körper, wird der größere Kreislauf genennt,
durch die Lungen geschieht der kleinere, dieser war
schon vor Harväus dem Cäsalpin bekannt; er gehet weder schneller noch langsamer vor sich, als der
größere.

§. 133.

Der kleinere Kreislauf des Geblüts verhält sich
bey der Frucht im Mutterleibe anders, als in dem
Erwachsenen; wovon an einem andern Ort gehan-
delt wird. (sechster Abschnitt. Kap. 6.)

§. 134.

Das durch die eigene Arterien des Herzens laufende Blut kommt durch die eigenen Venen des Herzens (coronariae) größtentheils wieder in das rechte
Ohr,

Ohr, sie ist mit einer eigenen Klappe versehen. Ein Theil dieses Bluts wird aus den Herzkammern selbst durch einsaugenden Venen (orificia Thebesii) auf genommen.

§. 135.

Das Herz ist der erste belebte Theil am m. K. und der am letzten ganz absterbende; der stärkste unter den Muskeln, welcher das ganze Leben hindurch unermüdet fortschlägt. Kein anderer ist einer so un unterbrochenen Bewegung fähig, und die Kraft des Herzens ist beynahe von keinem Gewicht zu überwinden. Woher hat es diese erstaunende Stärke?

§. 136.

Das Herz hat seine eigene von dem Intercostal und achten Paar herstammende Nerven, doch in Vergleichung mit andern Muskeln in geringerem Verhältniß. Es empfindet auch nicht sehr, und schlägt lange nachdem seine Nerven schon zerstört sind. Die Nervenkraft ist also zwar zur Bewegung des Herzens nöthig, aber nicht die erste Ursache derselben.

§. 137.

Vielmehr ist das Herz unter allen reitzbaren Theilen des m. K. der reitzbarste. Es besitzt also die Lebenskraft im höchsten Grade, und der eigentliche Reitz welcher dieselbe zur Thätigkeit bringt, ist das Blut. Doch können auch andere Reitze das schon halb erstorbene Herz wieder beleben.

§. 138.

Diese Lebenskraft, durch die Nervenkraft unterstützt, ist die nächste Ursache der unermüdeten Bewegung des Herzens, welche auch noch einige Zeit nach dem Tode des Thiers fortdauert, bis es völlig erkaltet ist.

§. 139.

§ 139.

Warum wird die wechſelsweiſe Zuſammenzie:
hung und Ruhe der Ohren und Kammern des Her:
zens niemals unterbrochen?

§. 140.

Iſt die Urſache hievon in dem wechſelsweiſen
Druck und Befreyung der Nerven, und dem ab:
wechſelnden Einfluß des Bluts in die Subſtanz des
Herzens zu ſuchen? Oder bloß in dem nach einan:
der erfolgenden Reitz des Bluts? Oder iſt nicht viel:
mehr eine dieſen Theilen eingeprägte Gegenbewe:
gung (antagonismus) die Urſache davon?

§. 141.

Das Herz iſt, wo nicht das einzige, doch das
vornehmſte Werkzeug des Blutumlaufs, und ſetzt
die übrigen minder wirkſamen Beförderungsmittel
deſſelben in Thätigkeit. Es unterhält einen immer:
während en Antagonismus mit dem Syſtem der
Arterien.

§. 142.

Die Kraft, womit das Herz das Blut bewegt,
iſt überaus groß. Es treibt eine Blutwelle von
zwey Unzen mit ſolcher Geſchwindigkeit aus, daß
dieſelbe in der erſten Minute in einem hohlen Cylin:
der einem Raum von 149 Fuß durchlaufen würde.
Es kann aber dieſe Kraft im lebendigen m. K. ſelbſt
weder berechnet, noch genau beſtimmt werden.

§. 143.

Ein großer Theil dieſer Kräfte des Herzens ge:
het bey der Ueberwindung der Hinderniſſe, welche
das Herz findet, verlohren. Dieſe Hinderniſſe ent:
ſtehen von dem Widerſtande der größern und klei:
nern Arterien, der Venen, der übrigen feſten Theile,

der

der zähen Theile des Bluts selbst, welches sich an den Seitentheilen der Gefäße anhängt, und von der Schwere des Bluts.

§. 144.

Es ist also die Kraft des Herzens, welche es bey der Bewegung des Bluts äussert, eigentlich der Abzug dessen, was durch den Widerstand verlohren gehet.

§. 145.

Dennoch bleibt noch so viel von der Kraft des Herzens übrig, daß das Blut in ziemlich starker Geschwindigkeit seinen Kreislauf vollenden kann, und zwar nach einer wahrscheinlichen Berechnung in einer Stunde 23 mal, wann man die Blutmasse zu 30 Pfunden, die vom Herzen ausgestoßene Welle zu $2\frac{1}{2}$ Unzen und die Mittelzahl der Pulse zu 70 annimmt; wie wohl in allen diesen Sätzen viel willführliches ist.

§. 146.

Mit Unrecht also wird die Kraft des Herzens geringer geschätzt, als andrer gleichgroßer willführlich wirkender Muskeln. Die Ruhe des Herzens ist nicht dreymal länger als seine Zusammenziehung, und willführliche Muskeln sind keiner ähnlichen Anstrengung fähig, wie das Herz.

§. 147.

Von den Verrichtungen der Arterien, und dem Nutzen des Kreislaufes reden wir in unten folgenden Kapiteln. Das Geschäfte der Lungen, welches mit den Verrichtungen des Herzens in genauer Verbindung stehet, wird uns nun vor andern beschäftigen.

Viertes

Viertes Kapitel.

Das Athemholen.

§. 148.

Die Lungen liegen in der Höhle der Brust zwischen den Wirbelknochen, den wahren Rippen, dem Brustbein und dem Zwerchfell. Sie bestehen aus zweyen Lappen, davon jeder in einem von dem Brustfell gebildeten Sack eingeschlossen ist.

§. 149.

Die Rippen, sowohl die wahren, als die falschen, sind mit den Wirbelknochen durch ein bewegliches Gelenke verbunden. Die oberste besitzt die mindeste Beweglichkeit, die zweyte ist etwas beweglicher, die dritte etwas mehr, und so steigt der Grad der Beweglichkeit von der ersten Rippe bis zu der achten; die folgenden vier gehören mehr zu den Decken des Unterleibs als der Brust. Die sieben obersten wahren Rippen sind mit dem Brustbein durch elastische Knorpel unmittelbar, die drey folgenden mittelbar, verbunden; die zwo untersten hängen frey, ohne merkliche Knorpel zwischen den Muskeln des Unterleibes. Den Zwischenraum der Rippen nehmen die äußern und innern Zwischenrippenmuskeln ein. Die männliche Brust ist breiter und freyer als die weibliche.

§. 150.

Das Zwerchfell (diaphragma) ist ein großer, breiter, gewölbter Muskel, welcher sich an die Lendenwirbelknochen, die falschen Rippen, und das Brustbein befestigt. In der Mitte ist er sehnicht, an den Rändern fleischig, zum Durchgange des

C

Schlun-

Schlundes und großer Gefäße verschiedentlich durchbohrt. Das Zwerchfell ist die Scheidewand der Brust
und des Unterleibes. Zwischen demselben und den
Bauchmuskeln regiert eine immerwährende Gegenbewegung. Ein aus einigen Halsnerven entstehender Nerve (Nervus phrenicus) versieht das Zwerchfell mit Empfindung und Nervenkraft, und steht
mit seiner Fähigkeit, sich zusammen zu ziehen, in na-
her Verbindung. Die Reitzbarkeit des Zwerchfelles
ist groß; und kommt dasselbe hierinnen dem Herzen
am nächsten.

§. 151.

Die Lungen sind selbst mit dem Brustfell überzogen, sie füllen ihre Höhlen genau aus, und es bleibt
kein Raum zwischen demselben und dem Brustfelle
übrig; folglich ist auch zwischen beyden keine Luft
befindlich.

§. 152.

Der Lungen äußere Oberfläche und die innere
des Brustfelles werden immerwährend durch einen
feinen wässerigen Dunst befeuchtet, welcher verhindert, daß diese Theile nicht mit einander verwachsen.

§. 153.

Die Substanz der Lungen besteht aus zweyerley
Arten von Gefäßen, welche durch ein Zellengewebe
mit einander vereinigt sind, nehmlich Luftgefäße
und Blutgefäße.

§. 154.

Auch sind die Lungen ziemlich empfindlich, und
vermittelst ihrer vom achten Paare der Nerven und
dem Intercostalnerven entstehenden Nervenzweige
mit vieler Nervenkraft versehen.

§. 155.

§. 155.

Die Luftröhre ist die Fortsetzung des Luftröhrenkopfs; (s. §. 202.) sie besteht aus knorplichten,
hinten ausgeschnittenen, durch eine von der äußern
Haut entstehende Membran, vereinigten Ringen
und zwischenlaufenden Muskelfasern. Sie steigt
am vordersten Theil des Halses herunter, hat hinter
sich den Schlund, und theilt sich bey ihrem Eintritt
in die Lungen in zween Zweige, einen weiten und
kürzern für die rechte Lunge, einen längern und minder weiten für die linke. Aus diesen entstehen die
Luftgefäße, welche sich bis ins unendlich kleine vertheilen; die kleinsten endigen sich in den Höhlen des
Zellengewebes, welche Lungenbläschen genennt
werden.

§. 156.

Die Lungenbläschen eines jeden Lungenlappens
haben eine Gemeinschaft unter sich, so daß man sie
durch eine, alle aufblasen kann.

§. 157.

Die Blutgefäße sind zum Theil Arterien, zum
Theil Venen. Die Arterien sind Aeste der Lungen-
atterien (§. 117.), die Venen sind Zweige der Lun-
genvenen (§. 125.

§. 158.

Diese zweyerley Art von Gefäßen begleiten einander, und vertheilen sich gleichsam durch die ganze
Substanz der Lungen, dergestalt, daß allezeit eine
Arterie, eine Vene und ein Luftgefäß durch das
Zellengewebe zusammen verbunden sind. Die Lungenbläschen sind mit Netzen der kleinsten Blutgefäße überzogen.

§. 159.

§. 159.

Die letzten Endigungen der Arterien dünsten auf der innern Oberfläche der Lungenbläschen immerfort einen feinen wäßrigen Dunst aus, welcher im Ausathmen fortgehaucht wird; eben so saugen aus der eingeathmeten Luft die kleinsten offenen Venen das flüßige ein; vielleicht auch etwas electrisches? das zum Geschäfte der Blutmachung nothwendig seyn möchte.

§. 160.

In den Lungen ist eine ansehnliche Menge Blut enthalten (§. 124. 125.), der Menge gleich, welche in eben der Zeit im ganzen übrigen Körper umherläuft. Alles zum Herzen zurückkommende Blut muß erst durch die Lungen circuliren, ehe es wieder zum großen Umlauf geschickt ist.

§. 161.

Das eigentliche Geschäft der Lungen ist die Respiration: um diese zu bewirken, sind sie in einer unaufhörlichen und wechselweisen Bewegung begriffen, dergestalt, daß sie sich bald erheben und mit Luft angefüllt werden, bald wieder zusammen fallen und von der Luft entledigt werden. Jenes ist Einathmen, letzteres Ausathmen.

§. 162.

Zum Athmen ist also die Luft erforderlich und unentbehrlich. Sie ist die Speise des Lebens; schwer, ausdehnbar, elastisch.

§. 163.

Der Fleiß der Neuern hat verschiedene Luftarten entdeckt, nehmlich 1. mephitische Luft, Luftsäure, fixe Luft; 2. entzündliche Luft; 3. Salpeter=Luft;

4. der

4. dephlogistisirte, oder reine Luft. Die letztere ist allein zum Brennen und Athmen dienlich: Sollte dieses wohl ein reiner selbstbeständiger Aether seyn?

§. 164.

Doch ist die atmosphärische Luft die wir einathmen, nicht ganz rein, sondern mit Wasser und Feuer in unzubestimmenden Verhältnissen vermischt; sie ist 850 mal leichter, als das Wasser, und drückt auf unsern Körper mit einem Gewicht von 30000 Pfund, welches wir nicht ertragen könnten, wenn es nicht von allen Seiten gleich wäre.

§. 165.

Doch vermindert sich dieser Druck bey leichterer Luft etwa wohl um 3000 Pfund, ohne besondere Beschwerde des gesunden Menschen.

§. 166.

Durch die Haut, welche der Luft undurchdringlich ist, kann dieselbe in das Innere unsers Körpers nicht gelangen. Nur der Weg in die Lungen (§. 155.) steht ihr offen; elastisch und schwer dringt sie in alle luftleere Räume, gehet durch die Höhle der Nase, oder des Mundes durch die Ritze des Luftröhrenkopfes, durch die Luftröhre und ihre Aeste in die Luftgefäße der Lungen, treibt sie allmählig auf, bis sie zu dem höchsten Grade der Ausdehnung gekommen, dessen sie fähig sind.

§. 167.

Dies ist Einathmen. Sollte hiezu auch etwas beytragen, daß die Lungen die Luft gleich einem Blasbalge anziehen?

§. 168.

Das Einathmen ist die erste Verrichtung des neugebohrnen Menschen. Der ungewohnte Druck

der

der Luft ist wohl wahrscheinlich der Reiß, welcher die Einathmungskraft zuerst in Thätigkeit setzt.

§. 169.

So bald aber das Athmen einmal geschehen, so beruhet die Nothwendigkeit jeder neuen Einath= mung auf dem Druck, welchen das im kleinern Um= laufe begriffene Blut im Stande des Ausathmens durch die Zusammenpressung der Lungen erfährt, und der daher entstehenden, mit Beängstigung be= gleiteten Schwierigkeit, welche dem Umlauf des Bluts durch die Lungen entgegen gesetzt wird. Von diesem Druck werden sie während des Einathmens allmählig befreyt, so, daß das Blut leichter durch die Lungenarterien und Venen umlaufen kann.

§. 170.

Während dem Einathmen werden die Blutgefäße, nebst den Luftgefäßen erweitert und verlängert. Wenn aber die Lungen in dem höchsten Grade der Einathmung begriffen sind, so verursacht die aufs höchste gestiegene Ausdehnung derselben einen neuen Druck auf die Blutgefäße, wodurch der Umlauf des Bluts wieder erschwert wird; also kann die ge= hörige Menge von Blut nicht zu dem linken Herz= ohr gelangen, und daher entsteht wieder die Noth= wendigkeit des Ausathmens.

§. 171.

Es müssen also die Lungen wieder zusammenfal= len, damit der größte Theil der Luft wieder heraus= getrieben werde. Niemalen werden jedoch die Lun= gen von der Luft ganz und gar entledigt.

§. 172.

Welche Ursachen reißen die Lungen zur Ausath= mung? ist es das in den Lungen mit der Luft ver=
mischte

mischte Brennbare? oder der Verlust ihrer Schnell=
kraft? oder wird sie in den Lungen zerstört und aus=
einander gesetzt?

§. 173.

Während dem Ausathmen geschieht wieder eben
das, was oben §. 169) erwähnt worden. Wenn
der höchste Grad des Ausathmens zugegen ist, so
entsteht wieder die Nothwendigkeit des Einathmens.

§. 174.

Das Ausathmen ist die letzte Verrichtung des
sterbenden Menschen.

§. 175.

Hieraus erhellet die Nothwendigkeit des Athem=
holens, ohne welches kein Mensch leben kann, und
der Grund der Beängstigung bey anhaltendem Ein=
oder Ausathmen, denn es erfolgt ein gewisser Tod
in beyden Fällen, wann das Athmen gänzlich ge=
hemmet wird.

§. 176.

Das Athemholen geschieht vermöge gewisser
Kräfte, welche wir nun zu untersuchen haben.
Wir müssen aber zuvörderst unterscheiden zwischen
dem unwillkührlichen oder natürlichen, und
dem willkührlichen oder gewaltsamen Athemho=
len. Jenes gehöret unter die Lebenshandlungen,
dieses unter die thierischen.

§. 177.

Bey dem natürlichen Athemholen ist zu merken,
daß das Einathmen durch Hülfe verschiedner verein=
barter Kräfte, das Ausathmen aber beynahe allein
durch die Wiederherstellung der Theile geschehe.

§. 178.

Während dem Einathmen wird der Durchmesser der Brust von allen Seiten her erweitert, damit die Lungen Raum genug erhalten, sich auszudehnen.

§. 179.

Die Rippen werden, nach Maaßgabe ihrer verschiedenen Beweglichkeit (§. 149), und zwar die oberste wenig oder gar nicht, die folgenden nach ihrer Ordnung eine mehr als die andere, von den innern sowohl als von den äußern Zwischen-Rippenmuskeln in die Höhe gehoben und auswärts gebogen. Zugleich erhebt sich das Brustbein vorwärts, und der schwertförmige Knorpel beschreibt das Segment eines Zirkels, dessen Mittelpunct in der Vereinigung des ersten Rückenwirbelbeins mit dem letzten Halswirbelknochen zu suchen ist.

§. 180.

Ein ewiges Naturgesetz hat gewollt, daß zu eben dieser Zeit das Zwerchfell den Widerstand der Bauchmuskeln (§. 150.) überwinden und durch seine Zusammenziehung das Einathmen erleichtern mußte. In seiner Wirkung wird die große Wölbung plan und flach. Die Brusthöhle wird untenher erweitert und die Baucheingeweide geben nach. Sollten die Zwerchfellnerven hieran mehr Antheil haben, als die Nerven anderer Muskeln? Beym männlichen Geschlecht ist die Wirkung des Zwerchfelles evidenter; beym weiblichen fällt jene (§. 179) mehr in die Augen. Der Grund hievon liegt in der (§. 149) angezeigten Verschiedenheit der männlichen und weiblichen Brust; Sollte die Natur hier wohl Rücksicht auf die Schwangerschaft genommen haben? —

§. 181.

§. 181.

Da unterdessen die Luft mit Gewalt in die Lun=
n dringt, so erweitert sich die Brust nicht schnell,
ndern nach und nach, und so geschiehet das natür=
he Einathmen.

§. 182.

Das willkührliche Einathmen, wobey die
Brust mit mehrerer Gewalt ausgedehnt wird, ge=
schiehet vermittelst der Muskeln, welche sich in die
Brust, den Schulterknochen, das Schlüsselbein
nd die Arme senken. Daher erheben die Engbrü=
stigen den Kopf und befestigen die Arme.

§. 183.

Sobald aber entweder wegen der Verderbniß
der eingeathmeten Luft, oder wegen dem Unvermö=
gen, die Ausdehnung länger zu erdulden, die Noth=
wendigkeit des Ausathmens entstehet: so erfolgt die=
selbe theils durch die bloße Wiederherstellung der
Theile, theils durch eigene Kräfte.

§. 184.

Diese sind 1. die Schnellkraft der Rippen, wo=
durch sie sich wieder herstellen. 2. Die Bauchmus=
keln, welche nun das Zwerchfell überwinden. 3. Die
niederdruckenden Muskeln der Rippen. 4. Die eige=
ne Kraft und Reitzbarkeit der Luftgefäße. Da zwi=
schen den Lungen und dem Rippenfell keine Luft vor=
handen, so kommt sie hier in keine Betrachtung.
Die innern Zwischenrippenmuskeln dienen nicht zum
Ausathmen, sondern zum Einathmen: dann die
untere Rippe kann keinen festen Punct zur Herabzie=
hung der obern gewähren.

C 5 §. 185.

§. 185.

Das gewaltsame Ausathmen geschiehet vermittelst des längsten Rückenmuskels, des langen und
gevierten Lendenmuskels.

§. 186.

Zwischen dem Schlag des Herzens und dem
Athemholen herrscht eine gewisse Uebereinstimmung,
deren Ursache aus (§. 169 und 173.) erhellet. Es
werden in einem Ein- und Ausathmen drey oder vier
Pulsschläge gewöhnlicher Weise gezählt.

§. 187.

Der Nutzen des Athemholens breitet sich bey
dem Menschen und den ihm ähnlichen Thieren über
die ganze thierische Oekonomie aus, und ist sehr
mannigfaltig. Die augenscheinlichste und vorzüglichste Wirkung äußert die Respiration auf das Blut.
Von den übrigen reden wir weiter unten.

§. 188.

Der kleine Kreislauf des Bluts geschiehet durch
die Lungen (§. 132.) In denselben ist die Hälfte
des in dem m. K. vorräthigen Bluts enthalten; und
alles durch den Körper einmal umgelaufene Blut
muß zum Herzen zurück und durch die Lungen circuliren, ehe es wieder zum großen Umlauf tauglich
ist. (§. 160.)

§. 189.

Die Wirkung der Lungen auf das Blut muß
daher sehr wesentlich seyn. Wir werden dieselbe
desto anschaulicher darstellen, wann wir das Blut
der kaltblütigen Thiere, welche keine Lungen, und
nur ein einfaches Herz haben, mit dem Blute der
warmblutigen Thiere; oder das Blut kranker mit
schwa-

schwachen Lungen behafteter Menschen mit dem Blute gesunder Menschen vergleichen. Kaltblütige Thiere haben ein hellrothes, laulichtes, wässeriges, nicht leicht gelieferndes Blut; und so ist auch mehrentheils dasjenige von kränklichen Menschen beschaffen. Warmblutige Thiere haben, je gesünder sie sind, ein desto dunkelrotheres, dichteres, wärmeres, und zum geliefern geneigteres Blut. Doch kann auch hierinnen ein Uebermaaß statt finden.

§. 190.

Die Organen der Respiration haben also den größten Antheil an der Blutmachung; die Consistenz und richtige Mischung des Bluts, vorzüglich aber die Wärme und die Röthe desselben sind ganz von der Wirkung der Lungen abhängig.

§. 191.

Die Blutmachung ist die Verwandlung des durch die Organen der Verdauung verarbeiteten und durch das System der lymphatischen Gefäße in dasjenige der Blutgefäße übergekommenen Chylus, (s. vierten Abschnit. Kap. 6.) in rothes Blut (§. 78. u. f.); eine Operation, deren nur der thierische Körper durch seinen Organismus fähig ist.

§. 192.

Diese Verwandlung geschiehet nicht schnell, sondern allmälig, durch verschiedene Stuffen, und mehrmaligen Umlauf. Die Milch ist das Mittel zwischen Chylus und Blut.

§. 193.

Daß die Lungen an der Blutmachung den größten Antheil haben, beweisen die (§. 189.) angeführten Beobachtungen. Unerwiesen ist es noch, daß
die

die lymphatischen Drüsen, und das Milz die Blutkügelchen (§. 82.) bilden sollten.

§. 194.

Die zu den Absonderungen nöthige Mischung
der Bestandtheile des Bluts, welche dem zum Herzen zurückkommenden Blute fehlte, wird durch den
kleinen Umlauf wieder hergestellt. Von derselben
hängt auch die zur Circulation durch das System
der Gefäße nöthige Consistenz des Bluts ab. Das
Blut wird also in den Lungen nicht verdickt.

§. 195.

Je wirksamer die Lungen auf das Blut wirken,
desto dunkler ist seine Röthe. Thut solches die in
den Lungen eingesogene Luft? Nein, dann diese
Einsaugung kann nicht statt finden; sondern, wann
es anderm ist, daß die Röthe des Bluts von dem
mit der Bluterde combinirten Phlogiston herrührt
(§. 101. 102.), so muß der Antheil der Lungen an
der Röthe des Bluts in der innigsten Verbindung
des Phlogiston mit jener Erde bestehen. Ein mehreres wird die Zeit lehren.

§. 196.

Nimmt das Blut in den Lungen auch ein elektrisches Principium aus der Luft auf? Und wie wirkt
dasselbe im Blute?

§. 197.

Wird das Blut in den Lungen abgekühlt, oder
erwärmt? Sollte ersteres deswegen wahr seyn,
weil die ausgeathmete Luft wärmer ist, als die ein-
geathmete, und weil die Luft in den Lungen viel
brennbares aus dem Blut aufnimmt?

§. 198.

§. 198.

Dies war nichts desto weniger die Absicht der Natur nicht; sondern Athemholen und thierische Wärme sind unzertrennlich mit einander verbunden (§. 189. 190.) Der Mensch kann in einer Hitze aushalten, die viel größer ist, als die Wärme des Bluts, und das vom Blut in den Lungen abgehende Brennbare ist nur das Uebermaaß dessen, was sich im Blute bey der Respiration entwickelt hat. Das Blut im rechten Herzohr ist nichts wärmer, als das im linken.

§. 199.

Wie entsteht aber diese Wärme? wird sie durch eine Entwickelung des im Blute schon vorhandenen Brennbaren, vermöge der Wirkung der Blutgefäße erzeugt? oder durch das Reiben der Blutkügelchen unter sich und an den Wänden der Gefäße? Oder stehen Hitze und Phlogiston im umgekehrten Verhältniß, so daß das Blut in den Lungen desto mehr Hitze erhält, je mehr es Phlogiston los läßt? Ist diese Wärme der Schwingung der Theile — oder der Elektricität zuzuschreiben?

§. 200.

Durch das thierische Athmen wird die Luft, wann sie eingeschlossen ist, mit Brennbarem übersättigt, und zum Athmen untauglich; bis sie dieses Uebermaaßes durch Vermischung mit reinerer Luft oder mit Wasser wieder entledigt wird. Vielleicht gründet sich auf diese Beobachtung die unzuverläßige Behauptung, daß die Lungen bestimmt seyn, die faulen Theilchen aus dem Blute zu schaffen.

§. 201.

§. 201

Ein anderweitiger Nuten der Respiration ist die Stimme und die Sprache; deren Werkzeuge sind die Lungen, der Luftröhrenkopf, die Kehlenritze, die Zunge und die Höhlen der Nase und des Mundes.

§. 202.

Der Luftröhrenkopf (larynx), dessen Lage an der Wurzel der Zunge am obersten und vordersten Theil des Halses ist, bestehet aus dem Schildknorpel (cartilago thyroidea), dem ringförmigen (cricoidea), den beyden Gießkannenförmigen (arytenoidex) Knorpeln, und dem Kehlendeckel. Der ganze Luftröhrenkopf kann durch seine eigene Muskeln bald erhöht, bald heruntergezogen; die Knorpel selbst aber können ebenfalls durch die Wirkung eigener Muskeln auseinander und zusammengezogen werden. Die Kehlenritze, oder die oberste längslichte Oefnung des Luftröhrenkopfs wird dadurch bald erweitert, bald wieder verengert.

§. 203.

Die Stimme entstehet, sobald die Luft mit einiger Gewalt und Geschwindigkeit durch die verengerte Kehlenritze fortgestoßen wird. Die Kräfte, welche solches bewirken, sind die oben (§. 184. 185.) erwähnten Hülfsmittel des natürlichen sowohl, als des gewaltsamen Ausathmens, nebst denen so eben erwähnten Muskelkräften.

§. 204.

Die Schleimhöhlen der Nase, besonders die Keilbein=und Backenbeinhöhlen, wie auch die Höhle des Mundes selbst, tragen vermöge ihrer elastischen knöchernen Seitenwände zur Verstärkung und Schönheit der Stimme vieles bey.

§. 205.

§. 205.

Nach der Dodartschen Hypotese werden die verschiedenen Töne bloß durch die Erweiterung und Verengerung der Kehlenritze gebildet. Nach der Serreinschen Meinung aber wird dazu die mehrere oder mindere Spannung der Bänder des Luftröhrenkopfs erfordert.

§. 206.

Es scheint aber, daß die Natur beyde Hülfsmittel combinirt, um die Stimme zu bewirken. Zuverläßig wird der höchste Ton im Singen nicht allein durch die möglichst stärkste Verengerung der Kehlenritze, sondern auch durch die stärkste Erhöhung des Larynx, folglich durch eine Spannung seiner Ligamente gebildet. Die niedrige, grobe Stimme entsteht bey erweiterter Ritze und erniedrigter Kehle.

§. 207.

Der Gesang ist eine methodisch modulirte, dem Gehör durch Harmonie schmeichelnde Stimme.

§. 208.

Merkwürdig und unerklärbar ist der Consens der Kehle mit den Zeugungstheilen des männlichen Geschlechts. Die kindische Stimme des Knaben wird bey dem mannbar werdenden Jüngling erst heischer und ungleich; hernach wird sie männlich, stark und tief. Die Stimme des Verschnittenen wird nie männlich. Die weibliche Stimme bleibt immer fein, mit einer reißenden Anmuth begleitet.

§. 209.

Die Sprache, eine der wesentlichsten Vorrechte des Menschen vor den Thieren, ist eine verschie-

schiedentliche Veränderung der Stimme mit zweck-
mäßigen Bewegungen der in der Höhle des Mundes
befindlichen Theile verbunden. Die Selbstlau-
ter oder Vocalen erfordern eine mehr oder weniger
große Eröfnung des Mundes. Die Consonanten
oder Mitlauter bildet entweder die Kehle oder die
Zunge, oder auch die Lippen.

§. 210.

Die innere Haut der Luftröhre ist eine Fortsetzung der äußern Haut, folglich sehr empfindlich.
Um also ihre Beschädigung zu verhüten, hat die
Natur diese Wege durch einen häufigen aus einfachen Drüsen quillenden Schleim schlüpfrig gemacht.

§. 211.

Ein jeder widernatürlicher Reiß in der Luftröhre erregt den Husten; ein Bestreben der Natur,
die schädliche Materie fortzuschaffen. Die ausath-
menden Kräfte erschüttern krampfhaft die Brust.

§. 212.

Das Lachen ist der Ausdruck der Freude, dem
Menschen eigen; die Luft wird bey dem Lachen
durch starke convulsivische Stöße des Zwerchfells
durch die erweiterten Luftwege fortgestoßen.

§. 213.

Das Weinen ist mehrentheils das Symbol
der Traurigkeit; bisweilen der stillen Freude; es
geschiehet unter langsamen Ausathmungen, öftern
und schnellen Einathmungen; ein starker Thränen-
guß findet sich zugleich ein. Auf das Weinen erfolgen Seufzer, d. i. ein auf einige schnelle Einathmungen erfolgendes langsames Ausathmen.

§. 214.

§. 214.

Das Gähnen, der Vorbote des Schlafs, ist ein langsames, starkes Einathmen, welchem eine schnelle Ausathmung nachfolgt.

§. 215.

Das Niesen wird durch jeden Reiz auf die Schleimhaut der Nase erregt. Der Mund wird geschlossen, während daß ein konvulsivisches Ausathmen die Luft mit Getöse durch die Nase fortstößt.

§. 216.

Das Schluchzen (singultus) geschieht durch eine konvulsivische Inspiration. Ein Reiz im Magen scheint das Zwerchfell zu dieser gewaltsamen Bewegung zu veranlassen.

§. 217.

Uebrigens werden durch die Respiration alle Verrichtungen der Eingeweide des Unterleibes befördert; auch das Schlucken, das Saugen, das Riechen u. s. w. kann ohne das Athmen nicht statt haben. So ausgebreitet ist der Nutzen der Respiration in der thierischen Oekonomie. Wir schreiten wieder zum Kreislauf des Bluts, und zu dem Antheil, welchen die Gefäße daran haben.

Fünftes Kapitel.
Die Arterien und Venen.

§. 218.

Das Blut ist in Arterien und Venen enthalten (§. 64. 65.). Arterien sind, bald cylinderische, bald conische Canäle, deren Grundfläche in beyden Herzkammern, die Spitze aber in jedem kleinen Zweige zu finden ist.

D   §. 219.

§. 219.

Aus der rechten Herzkammer entsteht die Lungenarterie (§. 117.), welche sich in beyde Lungen-
flügel vertheilt. Aus der linken die Aorta (ibid.),
und schickt ihre Zweige und Vertheilungen in alle
Theile des m. K. Sogleich nach ihrem Ursprung
aus dem Herzen macht sie einen großen Bogen links
und hinterwärts, steigt durch die Brust in den Unterleib, und vertheilt sich endlich, nachdem sie auf
diesem Wege viele große und kleinere Zweige von
sich gegeben, in die zwey großen Lendenarterien.

§. 220.

Aus dem Stamm der Aorta und ihren Zweigen
entstehen kleinere Arterien, welche durch verschiedne
Reihen von Abtheilungen, deren Anzahl einige bis
zu 20 andere zu 50 annehmen, sich bis zu unsichtbaren Gefäßen vertheilen.

§. 221.

Genauen Ausmessungen zufolge sind zween
Zweige einer jeden Arterie zusammengenommen in
ihrem Durchmesser geräumiger, als der Ast, aus
welchem sie entspringen. So muß der Raum
in den Arterien immer zunehmen. Selten nimmt
der engere Stamm einer Arterie selbst an Größe zu.

§. 222.

Der Lehrsatz, daß die Mündungen sich wie
die Quadrate ihrer Durchmesser verhalten, streitet
nicht wieder diese auf Augenschein sich gründende
Wahrheit.

§. 223.

Die Arterien bestehen aus einer zugegebenen
(ascititia) und drey eigenen Membranen; jene kömt

von

von dem Theil selbst her, in welchem die Arterie
sich vertheilt; diese sind 1. eine zellichte, von außen
weit, nach innen immer dichter und sehnicht, 2. eine
muskulöse, welche in großen Arterien stark ist, und
aus vielen lagen ringförmiger Fasern besteht; in
die länge laufende Muskelfibern kennen die Zer-
gliederer nicht. 3. Eine weiße, (nervea) welche die
innerste und sehr glatt ist.

§. 224.

In der zellichten Haut der großen Arterien vertheilen sich wieder kleinere Gefäße.

§. 225.

Die größern Aeste der Arterien laufen mehrentheils ganz verborgen zwischen den übrigen Theilen,
und sind daher jeder Art von äußern Gewaltthätig-
keiten minder ausgesetzt. Viele derselben sind mit
Netzen von Nerven umschlungen. Zu welcher Absicht? läßt sich schwer erklären.

§. 226.

Die Winkel der Vertheilungen sind in den gros-
sen Arterien meist spitzig, in den kleinern kommen
sie den geraden näher. In der Gebärmutter, und
in denjenigen Theilen, welche einer wechselsweisen
Ausdehnung und Contraction fähig sind, ist ihr
Gang schlangenförmig, oft auch gekrümmt. Sonst
ist ihre Direction mehr gerade.

§. 227.

Unter den kleinern Arterien findet man häufige
Mündungen (anastomosis); Arteriennetze, Bäu-
me, Schlingen, Sterne u. s. w. unter großen Arterien sind die Beyspiele davon seltener. Diese

D 2   Mün-

Mündungen erleichtern die Circulation in den kleinern Gefäßen, und mindern die Gefahr vor Verstopfungen.

§. 228.

Die Arterien endigen sich 1. in anfangende Venen, welchen sie rothes Blut übergeben; diese Endigung ist einfach, ohne ein dazwischen kommendes Parenchyma; die Arterie wird durch Umbeugung zur Vene. 2. In lymphatische Arterien, welche eine durchsichtige Lymphe aus den größern aufnehmen, jedoch nicht nach Graden aus rothen in gelbe, und aus diesen in weiße; sondern durch zufällige Abtheilungen, so daß sehr oft ein farbloses Gefäß aus dem rothen Stamm seitwärts entsteht. 3. In ausdünstende Arterien, die sich in etwa eine Höhle öfnen, und entweder wahres Blut, oder eine Lymphe in dieselbige ergießen.

§. 229.

Die Häute der Arterien sind dicht und stark. Noch nach dem Tode zeigt sich ihr Durchschnitt circulförmig; folglich sind sie mit einem hohen Grad von Elastieität versehen.

§. 230.

Auch sind sie als lebendige und mit Muskelfibern versehene Theile mit Lebenskraft und Reizbarkeit ohnstreitig begabt, und zuverläßig dem Einfluß der Nervenkraft unterworfen. Sind die kleinern Arterien reizbarer als die größern? Keine zuverläßige Beobachtung bestätigt diese Muthmaßung.

§. 231.

Vermöge dieser vereinigten Kräfte sind die Arterien in einer immer fortdauernden Bewegung begriffen,

griffen, welche von dem Herzen in Thätigkeit gesetzt und unterhalten wird. Das Herz und die Arterien stehen in einer immerwährenden Gegenwirkung (antagonismus).

§. 232.

Der natürliche Zustand des ganzen Systems der Arterien ist der Zustand der Verengerung, in welchem die Arterien eben mit so viel Blut angefüllt sind, als ihr sich selbst gelaßener Diameter fassen kañ.

§. 233.

Nun werden durch die Gewalt des Herzens bey der Contraction der linken Herzkammer zwo Unzen Blut in die große Arterie getrieben (§. 128), deren ganze Last zuerst auf den Bogen der Aorte fällt, durch diese aber auch auf das übrige Arterien-System fortgepflanzt wird. Man mag diese Kraft Druck, Stoß oder Wurf nennen. Sie ist überaus groß und kann nicht berechnet werden.

§. 234.

So wird durch die überwiegende Kraft des Herzens der Wiederstand des Arterien-Systems überwunden; sie geben vermöge ihrer Biegsamkeit nach, werden erweitert, und empfangen ein Uebermaaß von Blut.

§. 235.

Durch die neuankommende Welle Bluts wird die vorhergehende stärcker fortgestoßen, und diese Wirkung erstreckt sich durch den ganzen Bau der Arterien; sie wird aber in den kleinern Aesten immer schwächer.

§. 236.

Sogleich ziehen sich die erweiterten Arterien wieder zusammen und stellen sich in ihren natürlichen

D 3

Durch-

Durchmeſſer her; dadurch wird das Blut wieder gedrückt und erhält einen neuen Trieb.

§. 237.

Dieſe wechſelsweiſe auf das Blut wirkende Kräfte treiben daſſelbe ſchnell durch den Bau der Arterien aus den Stämmen in die Aeſte, und aus den letzten Arterien in die anfangenden Venen; dies iſt die fortſchreitende Bewegung des Blutë.

§. 238.

Durch eben dieſe Kräfte wird in dem fortſchreitenden Blute eine innerliche Bewegung verurſacht, vermöge welcher die Beſtandtheile deſſelben aneinander gerieben, immer genauer vermiſcht und in ihrem gehörigen Verhältniß gegeneinander erhalten werden.

§. 239.

Hieraus erhellet, daß die Arterien nicht unthätige, ſondern zur Beförderung des Blutumlaufs wirkſame Canäle ſind, deren Thätigkeit jedoch durch das Herz in Bewegung geſetzt werden muß. Unrichtig alſo iſts, wann den Arterien Ausdehnbarkeit und Fähigkeit zur Contraction abgeſprochen wird.

§. 240.

Daß die aus dem Blute vermittelſt der innerlichen Bewegung (§. 238) befreyten Feuertheilchen das Reißmittel der Muskelfaſern ſeyn, läßt ſich, wegen der Dichtheit der innern Membran und der Schnelligkeit des Kreislaufs nicht wohl behaupten: Wahrſcheinlicher iſts aber, daß die thieriſche Wärme dadurch befördert wird.

§. 241.

§. 241.

Werden durch diese innerliche Bewegung die Blutkügelchen (§. 82.) gebildet, und geben die kleinsten Arterien die Form dazu ab? oder ist die Attraction der Grund ihres Daseyns? daß ihre runde Gestalt zufällig sey, ist schon erwiesen (§. 83).

§. 242.

Aus den angeführten Sätzen (§. 233 — 36.) erhellet auch die Ursache des wechselsweisen Sprungs des Bluts aus einer verwundeten Arterie. Der Strom ist in dem Mittelpunkt schneller als an den Seiten.

§. 243.

Diese wechselsweise Erweiterung und Verengerung der Arterien macht den fühlbaren Puls aus. In den Arterien, welche durch ein weiches Zellengewebe laufen, nimmt man zugleich eine gewiße Seitenbewegung wahr.

§. 244.

Der Puls ist also das Maaß der Kräfte, welche das Herz zur Bewegung des Bluts anwendet. Ein wichtiges Kennzeichen für den Arzt in Krankheiten!

§. 245.

Der ganze Bau der Arterien im m. K. pulsirt zu gleicher Zeit, und die genaueste Aufmerksamkeit kann keine Zwischenräume wahrnehmen.

§. 246.

Die Schnelligkeit des Kreislaufes muß mit abnehmender Größe der Arterien immer schwächer werden. Die Kraft des Herzens erstreckt sich zwar bis in die kleinsten Arterien und Venen, allein der

mannig-

mannigfaltige Wiederſtand von der Elaſticität der Arterien, ihren Winkeln und Beugungen; die Schwere und Anhänglichkeit des Bluts an die Seitenwände, der immer zunehmende Raum u. ſ. w. entkräften nach und nach die Wirkung des Herzens und hemmen nicht allein die fortſchreitende, ſondern auch die innere Bewegung des Bluts.

§. 247.

Wie weit geht alſo der Puls? Eigentlich läßt ſich das nicht beſtimmen; vermuthlich bis in die kleinſten blutführenden Arterien; dann in den Venen iſt er verſchwunden.

§. 248.

Beſchleunigen wohl die kleinſten Arterien und Venen den Lauf des Bluts als Haarröhrchen? Hilft dazu die anziehende Kraft der Kügelchen? oder die ableitende Kraft? oder die Schwingung der kleinſten Gefäße? oder die Energie des Zellengewebes? Iſt auch an einigen Orten die Schwere behülflich, welche ſonſt hinderlich iſt?

§. 249.

Die Geſchwindigkeit des Pulſes iſt nach Maaßgabe des verſchiedenen Alters, des Geſchlechts, der Temperamenten, der Idioſyncraſien, ja ſogar nach den verſchiedenen Tagesſtunden verſchieden. Abends ſchlägt der Puls 70, welcher des Morgens 60 ſchlug.

§. 250.

Die Venen ſind eben ſo, wie die Arterien, bald cylindriſche bald coniſche Canäle, deren Grundfläche an den Herzohren, die Spitze aber in jedem letzten Zweige zu ſuchen iſt,

§. 251.

§. 251.

Zween Zweige von einer Vene zusammengenom=
men, ſind weiter als ihr Aſt; daher das Blut, in=
dem es aus den Zweigen in die Stämme tritt, im=
mer in einen engeren Raum kommt.

§. 252.

In den Eingeweiden laufen die Venen neben
ihren Arterien einher; in den Gliedmaßen entfer=
nen ſie ſich von denſelben, und nähern ſich der
Oberfläche.

§. 253.

Im Ganzen vertheilen ſich die Venen in meh=
rere Zweige als die Arterien.

§. 254.

Auch ſind die Venen jederzeit von ungleich
größrer Weite, als ihre mitlaufende Arterien; man
kann dieſes Verhältniß wie 9 — 4 annehmen, nur
daß die kleinſten Gefäße beyderley Art weniger in
ihrer Größe unterſchieden ſind.

§. 255.

Nach dem Verhältniß des größern Raums in
den Venen, enthalten ſie auch die größere Hälfte
des in dem großen Umlauf begriffenen Bluts. In
den Arterien und Venen der Lunge nähert ſich der
Diameter mehr der Gleichheit.

§. 256.

Die Häute der Venen ſind 1. eine zellichte, von
dem Theile, wo ſie durchgehen. 2. Eine doppelte
membranöſe, durch ein Zellengewebe vereinigt.
Nahe bey dem Herzen findet man Muskelfaſern.

§. 257.

Das eigentliche Unterſcheidungszeichen der Ve=
nen ſind die Klappen, die in der Höhle derſelben

D 5   beſe=

befestigt sind; sie sind halbmondförmig, bald einzeln, bald doppelt, selten dreyfach; sie weichen dem
aus den Zweigen in die Stämme eintretenden Blut,
widerstehen aber demjenigen, welches aus den Stämmen in die Zweige zurücktreten wollte. Sie mäßigen den Druck der oberen Blutsäulen auf die untern.

§. 258.

Die Klappen sind eine Verdopplung der innern
Haut der Venen. Man findet sie nicht in den Venen des Hirns, der Lungen, der Leber, der Nieren,
der Mutter, der Därme und überhaupt in allen, die
weniger als eine Linie zum Durchschnitt haben.

§. 259.

In den Venen sind die Abtheilungswinkel eben
so, wie in den Arterien beschaffen. Mündungen
finden sich unter großen Venen häufiger als bey den
Arterien.

§. 260.

Die Venen entstehen 1. aus den kleinsten Arterien, von welchen sie Blut oder Blutwasser empfangen. 2. Aus dem Zellengewebe und aus Höhlen,
wo sie ebenfalls Blut oder dünnere Feuchtigkeiten
aufnehmen.

§. 261.

Es finden sich im m. K. drey verschiedene Systeme von Blut-Venen: 1. das System der Hohlader (vena cava), welche aus dem Zusammenfluß
aller Venen des m. K. entsteht, diejenigen ausgenommen, welche zum kleinen Kreislauf durch die
Lungen, und zu denen den Milchsaft bereitenden Theilen gehören. Sie endigt sich am rechten Herzohr,
ist daselbst mit deutlichen Muskelfibern versehen,
und

und bildet durch ihre beyde zusammenfließende Zweige die mit dem Herzohr verbundene Höhle (atrium).

§. 262.

2. Das System der **Lungen-Vene** (§. 125) ist allein dem kleineren Kreislauf des Bluts gewidmet; endigt sich durch vier Stämme in die linke Herzhöhle, welche mit dem linken Herzohr eine Cavität ausmacht.

§. 263.

3. Das System der **Pfortader** (vena portae) besteht aus den gesammten venösen Zweigen des Magens, der Milz, der Därme, des Gekröses und des Netzes. In diesem System sind keine Klappen. Sie senkt sich in die Leber, wo der Stamm sich wieder gleich einer Arterie vertheilt zum Behuf der Absonderung der Galle.

§. 264.

Das Geschäfte der Venen ist, das Blut aus allen Theilen des m. K. zurück nach dem Herzen zu bringen, damit es in dem kleinen Kreislauf aufs neue bearbeitet werde (§. 67. 160. 188).

§. 265.

Die Kräfte, welche das Blut durch die Venen treiben, sind verschieden; dann erstlich sind die Venen als lebendige Theile des m. K., wiewol sie nur nahe am Herzen einige Muskelfibern besitzen, doch einen gewissen Grad von Reißbarkeit, und einer eigenthümlichen auf das Blut wirkenden Kraft. Daß aber die kleinsten Venen reißbarer seyn sollten, als die Arterien gleicher Ordnung, ist eine gewagte Vermuthung.

§. 266.

§. 266.

Die übrigen Hülfsmittel zur Bewegung des Bluts in den Venen sind folgende: 2. Die Kraft des Herzens und der Arterien. 3. Das immer neu ankommende Blut. 4. Der Stoß nahgelegener sich bewegender Theile z. B. Arterien, Muskeln, neben welchen die Venen hinlaufen; 5. die Klappen, welche das Blut in seinem Lauf gegen dem Herzen zu determiniren (§. 257).

§. 267.

Ist das in den Venen enthaltene Blut mehr dunkelroth, als das Arterienblut? Man hält es zwar durchgehends dafür, doch findet man oft keinen sehr merklichen Unterschied. Von jenem sind zwar die Absonderungen abgegangen, aber auch das eingesogene wieder hinzugekommen (§. 282).

§. 268.

Der Blutumlauf ist in den Venen gleichförmig, nach Maaßgabe des größern Raums (§. 254.) minder schnell, als in den Arterien, nimmt aber immer an Geschwindigkeit zu, indem es aus einem weitern Raum in einen engern kommt. In den kleinsten Gefäßen beyder Art ist diesfalls weniger Verschiedenheit (§. 251. 254).

§. 269.

Der Nutzen des Kreislaufs im Ganzen äußert sich hauptsächlich durch die Erhaltung des Bluts in seiner Gelindigkeit, Bezwingung aller Schärfen; durch die Ernährung des Körpers und Beförderung der Absonderungen.

§. 270.

Wie schnell der ganze Kreislauf vor sich gehe, ist so unmöglich als unnöthig zu bestimmen. Doch

wird

wird gemeinhin angenommen; etwa 23 mal in einer Stunde.

§. 271.

Noch ist im m. K. ein 4tes Venen=Syſtem zu=gegen, nemlich die lymphatiſchen Venen, deren gemeinſchaftlicher Stamm die Bruſtröhre, oder der Milchgang (ductus thoracicus) iſt. Sie kommen mit den Blutvenen in Anſehung ihres Ge=ſchäftes überein; ſind aber in andern weſentlichen Stücken von ihnen verſchieden.

§. 272.

Sie führen kein rothes Blut, ſondern zum Theil einen gelben geliefernden Saft, zum Theil den aus den Gedärmen eingeſogenen Chylus.

§. 273.

Zur Erleichterung ihres Geſchäftes ſind ſie mit gedoppelten und häufigern Klappen, als die Blutve=nen verſehen; deren jedoch der Milchgang ſelbſt nach Verhältniß wenigere hat.

§. 274.

Ihre Reitzbarkeit iſt merklicher, als in denen Blutvenen, und folglich ihre eigenthümliche Kraft zur Beförderung der fortſchreitenden Bewegung ih=rer enthaltenden Säfte größer. Dieſes war um deſto nöthiger, da die Kraft des Herzens und der Arterien auf die lymphatiſchen Venen wenig vermag.

§. 275.

Sie entſpringen alle als einſaugende Venen aus dem Zellengewebe der Gliedmaßen, und aus den Höhlen der Eingeweide. Im Hirn ſind noch keine geſehen worden. Die Winkel ihrer Abtheilungen ſind nicht ſo regelmäßig, als in den Blutvenen; ſie bilden oft Inſuln und Netze.

§. 276.

§. 276.

Eine den lymphatischen Venen ganz eigene Erscheinung ist es, daß sie alle sich in lymphatische Drüsen (glandulae conglobatae) einigemal einsenken, und in größern Aesten wieder herauskommen, ehe sie sich in ihren gemeinschaftlichen großen Stamm ergießen.

§. 277.

Lymphatische Drüsen sind in großer Menge in dem Gekröse, in der Nähe der meisten Eingeweide des Unterleibs, der Brust, und der großen Gelenke der Gliedmaßen; runde oder eyförmige Körper von verschiedener Größe, ohne Ausführungsgang, mit einer dünnen Haut bekleidet, im Zellengewebe befestigt. Sollte auch die Brustdrüse (thymus) und die Schildknorpeldrüse (thyroidea) zu dieser Klasse gehören?

§. 278.

Ihre innere Struktur ist durch den Fleiß der Neuern näher bekannt worden. Sie bestehen nemlich nicht aus einer schwammähnlichen Zellenhaut, in welche die eingehenden Gefäße ihren Saft absetzen, damit er von den ausgehenden aufgenommen werde; sondern sie sind eine Vereinigung und ein Band vieler lymphatischen in kleine Zweige sich vertheilenden und in größere wieder zusammenfließenden Gefäße, in welchen die Lymphe ununterbrochen und ohne auszutreten, circuliren kann.

§. 279.

Doch ist auch eine freye und offene Gemeinschaft zwischen den lymphatischen und den kleinen Blutgefäßen, welche sich in den runden Drüsen vertheilen.

theilen. Ob aber jene sich auch in wirkliche Blutadern endigen, ist zweifelhaft.

§ 280.

Was ist also das Geschäft dieser Drüsen? wird
die Lympe darinnen feiner und ausgearbeiteter, ver-
möge eines damit vermischten neuen Saftes? Diese
Meynung scheint daher unwahrscheinlich, weil die
Lymphe, zu keiner Secretion bestimmt, keiner neuen
Ausarbeitung bedarf.

§. 281.

Bereiten die lymphatischen Gefäße und Drüsen
den dunkeln Fleck in den Blutkügelchen (§. 82.)
aus der gerinnbaren Lymphe, und sind also diese
Drüsen, nebst dem Milz nur Anhänge der Gefäße?
Eine schwer zu erweisende Hypothese.

§. 282.

Ists nicht am wahrscheinlichsten, daß die kleinen Blutvenen in den lymphatischen Drüsen eine
bestimmte Quantität dünner Lymphe aufnehmen,
um den Rückfluß des Bluts in den großen Blutvenen zu erleichtern?

§. 283.

Und sind nicht daher die Drüsen im Gekröse so häufig, damit das Pfortaderblut die zu seiner Bestimmung
nöthige Menge von dünnern Bluttheilen erhalte?

Sechstes Kapitel.
Die Absonderungen.

§. 284.

Ausser dem Blut (Kap. 2.) sind noch mehrere
Säfte im m. K. befindlich. Z. B. das Fett
im losen Zellengewebe, in den Knochenröhren und
in

in den Talgdrüſen; der Schleim, welcher die Wege
der Luft und der Verdauung übertüncht; die waſſerigen Dünſte, welche das enge Zellengewebe und die
glatten, ſich an einander reibenden Oberflächen der
Eingeweide befeuchten; die zur Verdauung dienenden Säfte; der Chylus; die zur Zeugung beſtimmten Säfte.

§. 285.

Dieſe Feuchtigkeiten haben das unter ſich gemein, daß ſie alle aus einem verdünnenden Beſtandtheile, nemlich Waſſer mit etwas ſalzigem vermiſcht, und einem zur Verdickung geneigten Principium beſtehen, deſſen Zuſammenſetzung Erde,
Brennbares, und Schleim enthält (§. 27 u. f f.).

§. 286.

Das verſchiedene Verhältniß dieſer Beſtandtheile beſtimmt ihre beſondere Gattungen; in den
waſſerigen herrſcht das verdünnende; dieſen kommen die gallertartigen in ihrer Beſchaffenheit am
nächſten; in den fetten prädominirt das Brennbare
in Oehlgeſtalt mit mehr oder weniger Erde vermiſcht;
in andern endlich der Schleim, welcher ſich leicht
mit Waſſer verbindet, und daſſelbe anzieht, nach
Abdünſtung des Waſſers aber trocken und zerreib-
bar wird.

§. 287.

Auch unter den einzelnen Säften von einerley
Gattung finden ſich Merkmale von Unterſchied,
welche eine merkliche Verſchiedenheit in der Zubereitung derſelben andeuten. Das Fett im Zellengewebe zum Beyſpiel iſt verſchieden von dem Mark
in den Knochenröhren, dieſes vom Talg der Drüſen u. ſ. w.

§. 238.

§. 288.

Noch ist eine große Verschiedenheit unter den Säften nach ihrer mannigfaltigen Bestimmung. Der Saame z. B. ist vollkommener, ausgearbeiteter, und von der Natur mit mehrerer Sorgfalt zuberei-tet, als das Fett im Zellengewebe. Er besitzt höchst wahrscheinlicherweise eine eigene, thätige, leben-dige, der Reitzbarkeit gleich zu schätzende Kraft.

§. 289.

Man kann demnach füglich auch die abgeson-derten Säfte in zwo Hauptclassen bringen. Die erste wird die (§. 286) angeführte Gattungen unter dem Namen reiner Säfte enthalten. In die zwote rechnen wir dann gemischte Säfte; z. B. Milch, Galle, Gelenkschmalz u. d. gl.

§. 290.

Ist auch wohl eine dritte Classe anzunehmen, welche die elektrische Materie, die magnetische Kraft und das Princhipium der Nerven enthält? die Hypothese ist sinnreich; aber nicht so wahr-scheinlich.

§. 291.

Die Quelle, aus welcher alle diese Säfte ent-springen, ist das Blut (s. Kap. 2.); den Chylus selbst, aus welchem das Blut verarbeitet wird, nicht ganz ausgenommen. Sie werden, ein jeder in sei-nem ihm angewiesenen Organ zubereitet, und dieses Geschäfte der Natur wird die Absonderung genannt.

§. 292.

Ob nun schon zur Zubereitung aller dieser Säfte der Stoff im Blute enthalten ist, so ist doch der Satz; „daß die abgeschiedenen Säfte sich bereits in

E

ihrer

ihrer völligen Reife im Blut finden" der genauen Beobachtung der Natur schnurstracks zuwider.

§. 293.

Eben so wenig läßt sich behaupten, daß je ein Saft, in einem ihm fremden Organ, vollkommen abgeschieden und zubereitet gefunden worden sey.

§. 294.

Die Werkzeuge des Blutumlaufs sind die ersten Triebfedern des Absonderungsgeschäftes.

§. 295.

Außerdem hat der weise Schöpfer, welcher nichts ohne Endursachen geschaffen hat, den Absonderungs-Organen einen zu ihrem Geschäfte bestimmten Bau und die nöthigen lebendigen Kräfte verliehen, um gewisse, und nicht andere Säfte von dem Blut abzuscheiden und gehörig zuzubereiten.

§. 296.

Die Absonderungs-Organen sind zweyfacher Art; einfache, und mehr oder weniger zusammengesetzte.

§. 297.

Die einfachsten Absonderungs-Organen sind die in das Zellengewebe, in die Höhle des Verdauungscanals, auf die Oberfläche der einander berührenden Membranen u. s. w. sich vertheilenden und eine Feuchtigkeit dahin ablegenden Arterien, entweder durch Seitenöfnungen oder durch ihre kleinste, nur durchsichtige Lymphe aufnehmende, offen stehende Zweige.

§. 298.

So wird das Fett, und andere Feuchtigkeiten im Zellengewebe, der Magen- und Gedärmesaft,

die

die Feuchtigkeit im Herzbeutel, und auf der Ober=
fläche der Lungen, die unsichtbare Ausdünftung,
auch andere Säfte zum Theil abgesondert.

§. 299.

Die zusammengesetzten Absonderungs=Orga=
nen, werden alle unter der Benennung von Drüsen
(glandula) begriffen, deren man nach Beschaffen=
heit ihrer innern Struktur und Bestimmung dreyer=
ley Gattungen unterscheidet; 1. einfache (simplices)
2. lymphatische (conglobatae) 3. verwickelte
(conglomeratae).

§. 300.

Von den lymphatischen Drüsen und ihrer Be=
ftimmung (f. Kap. 5. §. 276 u. f. f.) ift das erforder=
liche schon gesagt worden.

§. 301.

Die einfachen Drüsen find kleine runde oder ey=
förmige Bläschen mit einer starken reizbaren Mem=
bran und einem Ausführungsgang versehen; entwe=
der einzeln, wie unter der Haut, oder häufig bey=
sammen liegend und durch Zellengewebe verbunden,
wie in dem äußern Gehörgang, im Schlund, in den
Därmen, und in den Augenliedern.

§. 302.

Ihre Verrichtung ift, entweder Schleim, wie
im Schlund und in den Därmen, oder Talg, wie
unter der Haut, und an den Augenliedern u. f. w.
von dem Blut abzusondern und durch ihre Ausfüh=
rungsgänge, zu seiner Zeit, an den gehörigen Ort
zu bringen; daher sie auch Schleim= oder Talgdrü=
sen genannt werden.

§. 303.

Die zusammengewickelten Drüsen werden so
genannt, weil sie, nicht aus einfachen Drüsen,
wie fälschlich geglaubt worden, sondern aus wun=
derbar verwickelten Gefäßen bestehen, und einen oder
mehrere Ausführungsgänge (ductus excretorius)
haben, die, gleich Venen, den ausgearbeiteten Saft
aufnehmen und an einen bestimmten Ort hinbringen.

§. 304.

Hieher gehören die Speicheldrüsen, die weib=
lichen Brüste, die Magendrüse, die Leber, die
Nieren, die Hoden, der Vorsteher, u. a. m.

§. 305.

Doch sind es die Gefäße nicht allein, welche
die Substanz dieser Drüsen oder Eingeweide aus=
machen, sondern zugleich ein eigenes Parenchyma,
durch welches sich ein jedes von den übrigen aus=
zeichnet.

§. 306.

Durch die Ausführungsgänge dieser Drüsen
wird der zubereitete Saft entweder gleich an den
Ort seiner Bestimmung gebracht; wie z. B. in den
Speicheldrüsen; oder in einen Behälter, wo der=
selbe durch längern Aufenthalt und Zubereitung noch
vollkommener, und zu seiner Zeit an den bestimm=
ten Ort geführt wird.

§. 307

Auf diesem Wege werden die vollkommensten
und ausgearbeitetsten Säfte des m. K. zubereitet.
z. B. der Saame.

§. 308.

Die Kräfte und Hülfsmittel, wodurch diese
Organen die Absonderungen verrichten, sind nicht
Säf=

Gährung; nicht Aehnlichkeit mit einem Sieb; nicht bloß Anziehungsvermögen; nicht specifike Schwere; sondern lebendige Kräfte, die wir um desto mehrerer Deutlichkeit willen vierfach eintheilen wollen. Sie sind, 1. die Aussonderungskraft (vis separatoria) 2. die erste Zubereitungskraft (vis præparatoria) 3. die Abscheidungskraft (vis secretoria) 4. die zwote Zubereitungskraft; (vis denuo praeparatoria).

§. 309.

Die Aussonderungskraft zeigt sich schon in den kleinen Blutgefäßen eines jeden Organs, welche von der Materie des Bluts, die zu jeder Secretion nöthig ist, eine größere Menge aufnehmen, und die übrigen Bestandtheile ausschließen.

§. 310.

Zu diesem Endzweck dienen die verschiedenen Winkel und Krümmungen der Arterien in den Absonderungs-Organen; die Verschiedenheit ihrer Durchmesser; der Dichtheit ihrer Membranen; ihrer Reitzbarkeit, der Geschwindigkeit des Blutumlaufs; vielleicht auch das Anziehungsvermögen ähnlicher Theile.

§. 311.

Zur Absonderung der Galle hat die Natur in jener Rücksicht ein besonders Venen-System angelegt (§. 263).

§. 312.

Die erste Zubereitung geschiehet ebenfalls in den kleinern Gefäßen der Absonderungsorganen vermöge ihrer Lebens-und Nervenkraft; vielleicht trägt das eigene Parenchyma einer jeden Drüse etwas dazu

E 3   dazu

daju bey. Zuverläßig geht eine Veränderung des
empfangenen Saftes in den Drüsen vor sich, durch
welche er dasjenige wird, was er seyn soll. Im
Blute der Pfortaden ist keine Galle; in der Saa-
men-Arterie kein Saame u. s. w.

§. 313.

In den einfachen Drüsen geschiehet diese Zubereitung durch den Aufenthalt, die Einsaugung, und
die Reißbarkeit der Membranen.

§. 314.

Die Absonderungen der einfachen Organen sind
dieser Zubereitung minder benöthigt, als jene in den
zusammengesetzten; daher die Natur für sie einen
kürzern Weg gewählt hat.

§. 315.

Die Abscheidung des zubereiteten Saftes durch
die Ausführungsgänge der einfachen sowohl, als
der verwickelten Drüsen bewirkt die Natur 1. in den
einfachen durch die Reißbarkeit und eigene Kraft der
Membranen, 2. in den verwickelten durch die Kräfte
des Herzens und des Kreislaufes, 3. in beyden
durch die Reißbarkeit der Ausführungsgänge, welche z. B. in den Speicheldrüsen, sehr merklich ist.

§. 316.

Die zwote Zubereitung bewirken die Behältnisse, in welche z. B. der Saame, die Galle u.
a. m. gebracht werden, ehe sie zu ihrer Bestimmung kommen. Dazu hilft der Aufenthalt, die
Einsaugung und die lebendige Kraft der Behältniße.

§. 317.

Diese letztere treibt, durch einen Reiz ange-
spornt, zu rechter Zeit den enthaltenen Saft, durch
die

die Ausführungsgänge der Behältnisse an den Ort ihrer Bestimmung.

§. 318.

Der Nutzen der abgeschiedenen Säfte ist mannigfaltig. Das Fett unter der Haut hält die Fasern der Muskeln schmeidig, füllt die Lücken aus, giebt den Gliedern Rundung und Schönheit; das Mark in den Knochen giebt ihnen Kraft und Dauer; die Talgdrüsen nähren die Haare und verhüten die Entzündung vom reiben; der Schleim bewahrt die Wege der Luft und der Verdauung vor schädlichen Eindrücken; einige dienen zur Verdauung; andere zur Zeugung; noch andere sind zu Ausführungen bestimmt.

Dritter Abschnit.
Thierische Verrichtungen,

Erstes Kapitel.
Das Hirn und die Nerven.

§. 319.

Thierische Verrichtungen sind diejenigen, welche dem Thiergeschlecht allein zukommen, und dasselbe im Ganzen von andern Classen der Geschöpfe unterscheiden. Sie begreifen unter sich 1. Empfindung 2. Fähigkeit zu willkührlichen Bewegungen.

E 4 §. 320.

§. 320.

Zu beyden iſt die Nervenkraft erforderlich, welche ſich über das ganze Thierreich erſtreckt. Das große und kleine Hirn, das verlängerte und das Rückenmark, nebſt denen daher entſtehenden Nerven verbreiten dieſe Kraft über alle empfindungs- und bewegungsfähige Theile.

§. 321.

Das Hirn liegt in der Höhle des Hirnſchädels, gleichſam in einer knöchernen Schachtel verwahrt, und füllet dieſe Höhle genau aus. Die Größe und das Gewicht deſſelben, gegen den übrigen Körper verglichen, iſt bey Menſchen verhältnißmäßig größer als bey den übrigen Thieren.

§. 322.

In dem Hirn iſt eine doppelte Bewegung wahrzunehmen. Eine ſteht mit der Reſpiration in Verbindung, die andere rührt von den Arterien der harten Hirnhaut her.

§. 323.

Auſſer der Hülle des Hirnſchädels, iſt das Hirn noch mit drey Häuten, nemlich mit der harten Hirnhaut (dura mater) der Spinnwebenhaut (arachnoidea) und der Gefäßehaut, oder weichen Hirnhaut (pia mater) umgeben.

§. 324.

Die harte Hirnhaut hängt feſt an dem Schädel an, iſt undurchſichtig, ſehnicht, ſtark, ohne Bewegung, noch merkliche Empfindung, und doppelt. Das innere Blatt theilt durch eine große Verdopplung das Hirn in zwo Halbkugeln; eine andere dient den hinterſten Hirnlappen zur Stütze und dem

fleiſ

kleinen Hirn zur Beschützung. So wird der wech-
selseitige Druck des einen auf den andern verhütet.

§. 325.

An der äußern Oberfläche sowohl, als an der
innern der harten Hirnhaut, besonders längst dem
langen Blutbehälter sind drüsenartige Körper befindlich, deren Nutzen unbekannt ist.

§. 326.

Auch bildet die harte Hirnhaut durch die Aus-
einanderweichung ihrer Blätter verschiedene große
und kleine Blutbehälter (sinus), durch welche die
großen Hirnvenen sicher das Blut nach der großen
Halsvene als nach dem Ort seiner Bestimmung
führen.

§. 327.

Die Spinnwebenhaut ist eine Haut für sich,
zart und durchsichtig, sie geht über die Furchen
des Hirns, begleitet das Rückmarck bis an das Ende des Pferdeschwanzes, bildet das gezähnte
Band, (ligamentum denticulatum) zwischen den
Wurzeln der Rückmarksnerven, und ist auf ihrer äußern und innern Oberfläche mit einem feinen Dunste
befeuchtet.

§. 328.

Hierauf folgt die weiche Hirnhaut, ein mit
Gefäßen reichlich durchflochtenes zellichtes Gewebe,
aus welchem sich die Gefäße gleich Wurzeln in die
Hirnsubstanz einsenken. Die weiche Hirnhaut liegt
fest an der Rinde des Hirns, und folgt derselben
in allen Vertiefungen, der äußern und innern Oberflächen dieses Eingeweides.

§. 329.

Merkwürdig ist die Größe und Menge der Ge=
fäße, welche nach etwanigen Berechnungen den
sechsten Theil der ganzen Blutmasse nach dem Hirn
und wieder zurückführen. Vier große Arterien,
nemlich die Halsarterien (carotides) und die Wir=
belarterien (vertebrales) gehen in die Höhle des
Hirnschädels, vereinigen sich durch eine merkwür=
dige Mündung (circulus Willisii), welche alle Ge=
fahr vor Verstopfungen verhütet, und vertheilen
sich alsdann in die harte und weiche Hirnhaut, und
in die Substanz des Hirns.

§. 330.

Die Venen versammlen sich aus dem Innern
nach der Oberfläche des Hirnes, kriechen auf den
Furchen derselben nach den Blutbehältern der har=
ten Hirnhaut (§. 325), und ergießen sich durch die
Seiten = Blutbehälter in die Halsvene.

§ 331.

Das entblößte Hirn selbst, bietet dem Auge
eine in der Mitte getheilte eyförmige Halbkugel dar;
äußerlich durch verschiedene unordentlich laufende
Furchen, und etwa einen Zoll tiefe Einschnitte be=
zeichnet; unten nach der Gestalt des Schädelgrun=
des geformt, und sehr deutlich wieder in den vor=
dern und hintern Lappen abgetheilt.

§. 332.

Das kleine Hirn (cerebellum) ist schon dem
äußern Ansehen nach durch mehrere, minder tiefe,
Zirkulweis und parallell laufende Furchen von dem
Hirn unterschieden, nicht größer als der vordere
Hirnlappen, in dem hintersten und tiefsten Grund

des

des Schädels verborgen, durch eine breite stark befestigte Verdopplung der harten Hirnhaut, vor dem
Druck des aufliegenden Hirns beschützt, durch eine
kleine eben daher entstehende Scheidewand in zween
Lappen getheilt.

§. 333.

Beyder.Substanz ist weich, nicht sehr elastisch,
doch an Farbe verschieden, nemlich grau oder weiß.
Die graue wird eigentlich Rinde genannt; sie ist
am häufigsten im Umfang des Hirns; doch findet
sie sich auch in den innern Theilen. Im kleinen
Hirn macht sie den größten Theil aus, in dessen Innersten die weiße Substanz, oder das Mark, den
Baum des Lebens bildet.

§. 334.

In beyden Substanzen vertheilen sich viele Gefäße, welche durch die Einspritzung sichtbar werden;
doch bleibt bey der feinsten Injection in beyden eine
ihnen eigenthümliche pulpöse Substanz übrig, welche ihr Wesen ausmacht. Bey kleinen Kindern ist
die Menge der grauen Substanz verhältnißmäßig
größer, als bey Erwachsenen. Daher wahrscheinlich während dem Wachsthum ein Theil der grauen
Substanz in weiße verwandelt wird.

§. 335.

Aus dem großen und kleinen Hirn, laufen gegen die Mitte des Hirnschädels vier große markichte
Fortsätze (crura), welche erst die Varolsbrücke,
und hernach das verlängerte Mark bilden, aus
welchem wieder das Rückenmark entstehet; dieses
füllt die Höhle des Rückgrades an, besteht von außen aus weißer, inwendig aus grauer Substanz und
endiget

endiget sich in der Gegend der Lenden in den Pferdeschwanz, (cauda equina).

§. 336.

Das Hirn selbst ist nicht durchaus aneinander hängend, sondern in seinem Innern durch Höhlen unterbrochen, in welchen wieder besondere Erhabenheiten und Vertiefungen bemerkt werden. Die zwo Seitenhöhlen enthalten das Adergewebe (plexus choroideus), die gestreifte Hügel (corpora striata), die Betten der Sehenerven (thalami nervorum opticorum), die Zirbeldrüse (glandula pinealis) u. s. w. Zwischen den Seitenhöhlen liegt nach vorne die dritte; diese öfnet sich vermittelst einer Klappe nach hinten in die vierte; welche sich endlich durch das ganze Rückenmark, bis an den Pferdeschwanz erstreckt.

§. 337.

Die Anatomie lehret ferner, daß aus der untern Fläche des kleinen Hirns, des verlängerten und des Rückenmarks die Nerven entstehen; sie sind Fortsetzungen der Hirnsubstanz; mehrentheils der weißen, doch auch hin und wieder der grauen; sie entstehen alle paarweise, auf beyden Seiten gleich stark, und vertheilen sich in alle Theile des m. K.

§. 338.

Daß die Nerven sich in ihrem Ursprung dergestalt kreutzen sollten, daß die Nerven der rechten von der linken; diese hingegen von jener Seite entspringen, ist noch nicht durch zuverläßige Beweise dargethan.

§. 339.

§. 339.

Die Nerven werden füglich eingetheilt: 1. in Hirnnerven, welche auch die aus dem verlängerten Mark entstehenden unter sich begreifen. 2. Rückenmarks = Nerven. 3. vermischte Nerven, welche sowohl aus dem Hirn, als aus dem Rückenmark entspringen.

§. 340.

Der Hirnnerven rechnet man neun Paar. 1. Die Geruchnerven, aus den Sylviusschen Gruben entstehend, vertheilen sich in den Schleimhöhlen des Siebbeins. 2. Die Sehenerven, welche die Netzhaut des Auges bilden; sie entstehen aus den Betten (thalami) in den vordern Hirnhöhlen. 3. Das dritte Paar, aus den Schenkeln des Hirns, und 4. das vierte Paar aus den Fortsätzen des kleinen Hirns entstehend, vertheilen sich in den der Augenhöhle. 5. Das fünfte Paar, welches aus Varols Brücke entspringt, theilt sich in drey große Aeste, davon sich der erste in die Augenhöhle, der zweyte in den obern, der dritte in den untern Kinnbacken vertheilt. 6. Das sechste Paar; sie kommen aus dem verlängerten Mark, und sind ebenfalls für die Augenhöhle bestimmt. 7. Das siebente Paar; es begreift nach lange hergebrachter Benennung einen weichen für das Organ des Gehörs bestimmten, und einen harten, im Gesicht sich vertheilenden Ast. 8. Das achte oder schweifende Paar geht in die Eingeweide. 9. Das neunte Paar in die Zunge. Beyde entstehen aus dem verlängerten Mark.

§. 341.

Einer neuern genauern Benennung und Eintheilung der Hirnnerven zufolge, sind die harten Gehör-

Gehör= oder vielmehr die Gesichtsnerven das sie=
bente und die weichen das achte Paar; und so weit
gehen die Hirnnerven. Die folgenden, nemlich
ein neues Paar die Glossopharyngaei, die schwei=
fenden und die mittlern Zungennerven machen eine
eigene zum verlängerten Mark gehörige Reihe aus.

§. 342.

Die Rückenmarksnerven theilen wir wieder ein
1. in acht P. Hals= 2. zwölf P. Rücken= 3. fünf P.
Lenden= und fünf P. heiligen= Nerven. Alle ent=
springen aus einer doppelten Wurzel, welche zu=
sammenfließend in ihrem Ausgang aus der Wirbel=
höhle einen Knoten bildet, und wieder zween Aeste
von sich giebt.

§. 343.

Unter den Nerven vermischter Art sind die In=
tercostal= oder großen sympathetischen Nerven
die merkwürdigsten. Ihre Lage ist längst dem Rück=
grad an der Seite der Körper der Wirbelbeine.
Sie empfangen Zweige aus allen Rückenmarksner=
ven, und anastomosiren innerhalb dem Hirnschädel
mit dem fünften und sechsten — außerhalb demsel=
ben mit dem siebenten, achten und neunten Paar
der Gehirnnerven. Sie sind also das Band einer
allgemeinen Verbindung in dem Nervensystem.
Noch gehören zu dieser Classe die Zwerchfellnerven,
die zum achten Paar laufenden, und die Unter=
leibsnerven (nervi splanchnici).

§. 344.

Dem äußern Bau nach, empfangen die Ner=
ven alle, ehe sie aus dem Hirnschädel oder Rück=
grad hervorkommen, eine Scheide von den sämtlichen
Hüllen

Hüllen des Hirns. Sobald sie diese Höhlen verlaſſen, so bleibt ihnen nur das innere Blatt der
Hirnhaut zur Decke, welches sich in ein zellichtes
Gewebe verwandelt. Daſſelbe begleitet die Nerven bis an ihre Endigungen.

§. 345.

Alle Nerven sind in ihrem Urſprung gleich weich,
so wie die Hirn-Subſtanz, aus welcher sie entſpringen. Die zu Organen der Sinnen beſtimmt sind,
und sich in der Nähe ihres Urſprungs vertheilen,
bleiben weich und ohne Hüllen, die übrigen werden
durch die umgebende Häute geſtärkt. An ihren
Endigungen legen sie die Hüllen wieder ab, und
verbreiten sich wie Brey.

§. 346.

Nerven, welche nur zu sinnlichen Organen gehen, werden empfindende; die hingegen sich in
Muskeln vertheilende, Bewegungenerven uneigentlich genannt. Ihre Subſtanz iſt eben dieſelbe,
und die Nervenkraft gleich; nur ihre Beſtimmung
iſt verſchieden.

§. 347.

Die innere Struktur der Nerven iſt noch nicht
hinlänglich durch Verſuche beſtimmt; sie beſtehen
zuverläßig nicht aus hohlen markichten Röhren,
wie bisher fälſchlich dafür gehalten wurde.

§. 348.

Daß aber die Hirn- und Nervenſubſtanz ein
bloßer unorganiſcher Schleim oder gallertartiges
Wesen seyn sollte, welches durch die harte und weiche Hirnhaut aller Orten verbreitet wird, wider-
ſpricht der Anatomie und genauern Beobachtungen.

§. 349.

§. 349.

Jedoch ist noch ungewiß, ob die Hirn=und Nervensubstanz aus Fasern oder Bändern, um einen Cylinder gewickelt — oder aus Kugeln bestehe, welche sich entweder unter einander bewegen, oder fest und elastisch aneinander geschloßen sind. Uebrigens vertheilen sich auch viele Blutgefäße in der Substanz der Nerven.

§. 350.

Merkwürdig sind die Knoten der Nerven, welche dem Intercostalnerven, den Rückmarksnerven und dem fünften Paar vorzüglich eigen sind. Ihr Nutzen ist nicht bestimmt. Wahrscheinlich besteht er darinnen, Nervenfasern aus einander zu trennen, andere hingegen zu vermischen, sie zu vermehren, und fester zu vereinigen. Sie geben auch Zweige zu solchen Theilen, die dem Willen unterworfen sind.

§. 351.

Die Maceration löset die Nervenknoten in Fasern auf. Doch ist auch ihr innerer Bau verschieden. In einigen sind die Fasern gedrehet, und weichen von der Axe ab, in andern nicht.

§. 352.

Die Nerven vertheilen sich übrigens wie Gefäße, mehrentheils in spißigen Winkeln hin und wieder auch in zurücklaufenden Aesten. Die Substanz des Stammes theilt sich in die Aeste, bis sie sich endlich durch Ablegung ihrer Häute völlig aus den Augen verlieren.

§. 353.

Die Verrichtungen des Hirns und der Nerven sind mannigfaltig. Ihr Einfluß ist zum Leben nothwend wendig und breitet sich über die ganze thierische Oeconomie aus. Sie sind die Quelle der Nervenkraft (§. 51.), einer der vornehmsten Triebfedern der thierischen Verrichtungen, ohne welche weder die Lebenskraft, oder Reißbarkeit, noch die thierische Wärme bestehen, noch irgend eine Bewegung, sie mag willkührlich oder unwillkührlich seyn, statt haben, noch auch selbst der Blutumlauf und die davon abhängenden Absonderungen fortdauren können.

§. 354.

Die Beweise hievon nehmen wir aus täglich vorkommenden Erscheinungen und leicht anzustellenden Versuchen. Ein starker Druck auf das Hirn, eine Erschütterung des Hirns verursachen eine allgemeine Lähmung. Die Unterbindung oder der Druck auf große Nervenstämme erzeugen eine Lähmung in dem Theil, wozu die Nerven gehören.

§. 355.

Die Zerstörung der Nerven, welche in die Eingeweide der Brust und des Unterleibes gehen, zieht nothwendig einen Stillstand der Lebens: und natürlichen Verrichtungen, und folglich einen unvermeidlichen Tod nach sich. Doch geschiehet solches nicht augenblicklich, dann die Nervenkraft trägt zur Bewegung dieser Theile weniger bey als die Lebenskraft (§. 136. u. f.)

§. 356.

Ein Reiß im Hirn, oder in den Nerven, verursacht verstärkte krampfhafte Bewegungen, entweder im ganzen Körper, oder in einzelnen Theilen.

F   §. 357.

§. 357.

Die natürliche Wärme eines jeden Gliedes ver-
löscht, sobald der Einfluß der Nervenkraft in daſſelbe gehemmt iſt.

§. 358.

Der Antheil der Nerven an dem Blutumlauf
erhellet offenbar aus den Nervenſchlingen, mit welchen viele Arterien umgeben ſind; wiewol die Art und
Weiſe dieſer Mitwirkung nicht deutlich erhellet. Leidenſchaften und Nervenkrankheiten, bewirken große
Veränderungen im Blutumlauf und in den Abſon-
derungen.

§. 359.

Auch iſt in den Nerven zum Theil die Urſache
der allgemeinen Mitleidenſchaft der Theile verborgen (§. 53.); die beſondern Conſenſe hingegen, z. B.
die Mitleidenſchaft des Magens mit dem Hirn und
Nervenſyſtem, der Gebährmutter mit dem Magen,
der Lungen mit den Fußſohlen, der Leber mit den Waden u. d. gl. m. ſcheinen ihren Grund in annoch ver-
borgenen Urſachen zu haben.

§. 360.

Die vorzüglichſte Beſtimmung des Hirns endlich iſt, daß es den Wohnplaz der Sinnen, oder
den Siz der Seele enthält, und nebſt den Nerven
der Grund alles Gefühls und aller Empfindungen
ausmacht.

§. 361.

Fälſchlich aber und ohne Grund, wird die Lebenskraft den Nerven zugeſchrieben. Sie iſt eine
Kraft für ſich, doch mit der Nervenkraft innigſt verbunden. (§. 52.)

§. 362.

§. 362.

Sollte wohl im Hirn auch ausserdem ein unver‑
weslicher menschlicher Keim vorhanden seyn? Die
Anatomie hat diese Vermuthung noch nicht bestätigt.

§. 363.

Im Wohnplatz der Sinnen — wo er auch
seyn mag — bringt die Seele ihre eigenthümliche
Kräfte in Ausübung; sammelt Begriffe, ordnet,
erneuret, vergleicht sie und schafft neue. So weit
hier materielle Mitwirkungen und Veränderungen
statt haben, so weit gehet die medicinische Psycholo‑
gie, welche wir an einem bequemern Ort vortragen
werden (s. Kap. 3.).

§. 364.

Das Gefühl oder die Empfindung ist das Be‑
wußtseyn der Seele von der Einwirkung einer
fremdartigen Ursache auf irgend einen Theil unsers
Körpers. Daß alle Empfindungen von dem Hirn
und den Nerven abhängen, beweisen folgende Ver‑
suche und Erfahrungen.

§. 365.

Empfindung und Bewußtseyn gehen verloren
durch jeden Druck auf das Hirn, oder eine Erschüt‑
terung dieses Eingeweides. Dauert dieser Zustand
lange, so folgt der Tod.

§. 366.

Durch die Unterbindung oder jeden Druck auf
einen einzelnen Nerven, verlieren diejenigen Theile,
in welche sich dieser Nerv vertheilt, alles Gefühl
und Empfindung.

F 2 §. 367.

§. 367.

Ein wiedernatürlicher Reiß im Hirn, oder in einem besondern Nerven, erregt Schmerz, Krämpfe Raserey, Entzündung u. d. gl.

§. 368.

Eine jede Empfindung erregt einen Begriff in der Seele; daher kein Gefühl statt haben kann, wo nicht eine ununterbrochene Gemeinschaft zwischen den empfindenden Nerven und dem Hirn obwaltet.

§. 369.

Nichtsdestoweniger empfindet der Nerv, da wo er berührt wird.

§. 370

Nach dem Verhältniß des mehreren oder mindern Einflußes der Nervenkraft in die verschiedenen Theile des m. K. ist auch ihre Empfindlichkeit sehr verschieden. Die Knochen, die Sehnen, die Bänder, die Beinhaut, die Hirnhäute, das Brustfell, das Bauchfell u. a. m. sind unempfindlich. Die Eingeweide der Brust; im Unterleibe die Leber, die Milz, die Nieren u. s. w. empfinden wenig. Dahingegen die Haut nebst allen Membranen, welche davon abstammen, die Musteln, die Gefäße nebst den Organ den Sinnen ungemein empfindlich sind.

§. 371.

Ohnerachtet aber das Hirn der Ursprung der Nerven und der Mittelpunkt aller Empfindungen ist, so ist doch selbst unter den verschiedenen Theilen des Hirns, dißfalls ein großer Unterschied. Die Halbkugeln des Hirns können sehr tief verletzt werden, oder in Eiterung übergehen, ohne besondere

Empfin

Empfindung. Auch das kleine Hirn kann verwundet werden und eitern, ohne Schmerzen. Eben so kann der Kern ohne Merkmale der Empfindung gereizt oder durchstochen werden. Sobald aber ein spitziges Instrument das verlängerte Mark berührt, so giebt das Thier durch heftige Zuckungen den Beweis einer äusserst scharfen Empfindung von sich.

§. 372.

Daher haben schon einige unter den Alten die Halbkugeln des Hirns für einen Auswuchs des verlängerten Marks gehalten.

§. 373.

Diese Erfahrungen und Versuche, welche den Mittelpunkt der Empfindlichkeit in das verlängerte Mark verlegen, bestimmen auch eben diesen Theil zum Wohnplatz der Sinnen, welcher also weder in den Halbkugeln, noch in dem kleinen Hirn, noch in dem Kern, auch eben so wenig in der Zirbeldrüse (glandula pinealis) ist; denn diesen Theil findet man bey vollkommenen Seelenkräften sehr oft versteinert.

§. 374.

Daß das kleine Hirn, nebst den daher entstehenden Nerven nach dem Willisschen Lehrsatz den Lebensverrichtungen vorstehen; die Nerven des Hirns aber die willkührlichen Handlungen regieren, wird durch die Anatomie widerlegt. Das achte Paar der Nerven giebt Zweige zu willkührlichen Theilen und zum Herzen. Das fünfte, welches aus dem kleinen Hirn entsteht, wird mehrentheils in willkührliche Organen vertheilet.

§. 375.

Doch scheint aus der Sorgfalt, womit die Natur das kleine Hirn verhüllt, und vor allen Beschädigungen beschützt hat, auch aus dem Unterschied im äußern Ansehen, ein Beweis eines Vorzuges des kleinen Hirns vor dem großen hergeleitet werden zu können: worinnen aber derselbe bestehe, muß die Zeit lehren.

§. 376.

Wozu übrigens die mancherley Erhabenheiten und Vertiefungen in den Kammern des Hirns sowohl, als im äußern Umfange dienen, ist uns bis jetzt noch unbekannt.

§. 377.

Auf welche Art aber äußert das Hirn und die Nerven ihren Einfluß auf die übrigen Theile des m. K. und auf welche Weise wirken die Empfindungen durch die Nerven auf das Hirn? Sind die Nerven elastisch und pflanzen sie die empfangenen Eindrücke nach dem Gesetze der Schwingungen elastischer Körper fort? Oder sind sie aus hohlen markichten Röhren zusammengesetzt, in welchen eine äußerst feine, bewegliche, doch nicht leicht verfliegende Flüßigkeit, unter dem Namen Lebensgeister circulirt? Oder besteht dieser Saft aus Kugeln, welche einander nach den Gesetzen der consecutiven Stöße die empfangene Bewegung mittheilen? Oder ist die Nervenkraft eine dem Hirn und den Nerven eigenthümliche, noch unbekannte Kraft, welche nach eigenen Gesetzen wirkt? Für jede dieser Meinungen streiten Gründe, welche wir erwägen müssen.

§. 378.

§. 378.

Die Meinung, daß die Nerven als elaſtiſche, geſpannte Faſern wirken, hat ihren Urſprung aus der Stahlſchen Schule. Die Gründe, die für dieſelbe ſtreiten ſollen, ſind folgende: 1. Die Geſchwindigkeit der Empfindung und ihre Direction, von dem Ende nach dem Urſprung, welche durch jeden Druck aufgehalten wird. 2. Die wirkliche Spannkraft der Nerven, auch in ihrer weichſten Subſtanz. 3. Die klebrigte Materie, welche die Nerven überzieht, und die zur Unterhaltung ihrer Elaſtiritat beſtimmt zu ſeyn ſcheint. 4. Die Schwierigkeiten der Hypotheſe von den Lebensgeiſtern. 5. Die Entzündungsgeſchwülſte, welche ſich am beſten durch eine Ueberſpannung der Nerven erklären laſſen. 6. Die größere Feſtigkeit des Hirns bey vielen Wahnwitzigen.

§. 379.

Wider dieſe Gründe wird eingewendet: 1. Die Schnelligkeit der Empfindung beweiſet keine Schwingung, und die Wirkung der Nerven äußert ſich eben ſo wohl abwärts, als aufwärts. 2. Die weiche, unelaſtiſche Nerven-Subſtanz, beſonders an ihrem Urſprung und Ende, wo ihnen die Hüllen fehlen; die Befeſtigung der Nerven in ihrem ganzen Lauf an die benachbarten Theile durch das Zellengewebe; die ſpitzigen Winkel der zurücklauſenden Nerven; die Nervenknoten laſſen gar keine Möglichkeit irgend einer Schwingung in den Nerven zu. 3. Die klebrichte Materie der Nerven gehört zu ihrem Weſen und hält ſie geſchmeidig. 4. Die Schwierigkeiten einer Hypotheſe beglaubigen darum noch nicht die entgegengeſetzte, und es iſt noch nicht erwieſen,

F 4

wiesen, daß der Einfluß der Nerven mechanisch
erklärt werden müsse. 5. Die Entzündungsge-
schwülste sind zwar mit einem leidenden Zustand
der Nerven begleitet, welcher aber deswegen eben
keine Spannung ist. 6. Bey vielen Wahnwitzigen
findet man keinen Fehler im Hirn, wohl aber in
den Hirnhäuten; doch haben diese keinen Antheil
an den Verrichtungen des Hirns.

§. 380.

Die Gönner der Lebensgeister sind mehrentheils
mechanische Aerzte, oder doch diesfalls mit ihnen
einstimmig. Ihre Gründe sind: 1. Die große Menge
Bluts (etwa der 6te Theil der ganzen Blutmasse),
welches nach dem Hirn zugeht, woraus man nothwendig eine wichtige Absonderung folgern müsse. 2.
Die zwiefache Substanz des Hirns: die graue, welche
auch die Rinde des Hirns genannt wird, und vermuthlich dazu bestimmt ist, den Nervensaft zuzubereiten, und denen mit den Gefäßen der grauen Substanz zusammenhängenden hohlen Markfasern zu
übergeben. 3. Die hin und wieder in die Augen
fallende Bildung einzelner Theile des Hirns und
der Nerven selbst in Fasern oder paralelle Fäden,
welche wahrscheinlich hohl sind. 4. Die Schwierigkeiten der Meynung von der Schwingung der
Nerven, und die Leichtigkeit, womit alle Erscheinungen der Nerven aus der Lehre der Lebensgeister erklärt werden. 5. Die Aehnlichkeit der Nerven mit
den Blutgefäßen in ihrer Vertheilung, und die Analogie mit den Wirkungen des Umlaufs, und mit
den Pflanzen. 6. Die Wirkungsart der Nerven muß
Bewegung seyn, und da es keine schwingende ist,
so muß sie fließend seyn.

§. 381.

§. 381.

Es folgt hieraus, daß aus der Rinde des Hirns ein daselbst zubereiteter sehr beweglicher, flüßiger, feiner Saft in die Markröhren übergehe, in denselben durch alle Nerven des m. K. in einer gemäßigten gleichen Bewegung circulire; alsobald aber an Schnelligkeit des Laufes zunehme, und in die Musteln hurtiger einfließe, wann die Seele eine willkührliche Bewegung vornimmt; hingegen durch andere Markröhren wieder zurücklaufe, und der Seele die Botschaft eines einwirkenden fremden Körpers überbringe, wodurch dann eine Empfindung entsteht.

§. 382.

Aber viele und sehr wichtige Gründe streiten wider diese Meynung. Und zwar 1. ist die Induction von der Menge des nach dem Hirn strömenden Bluts auf die Nothwendigkeit einer Absonderung unrichtig und voreilig. Vielleicht bedarf die feine Hirnsubstanz zu ihrer Ernährung einer Menge der feinsten Bluttheilchen, welche nur durch eine große Blutmasse herbey geschaft werden konnte.

§. 383.

2. Eben so voreilig ist die Bestimmung der Verschiedenheit des Geschäftes beyder Hirnsubstanzen. Die graue Substanz ist gefäßreich, die weiße eben so; die graue Substanz macht nicht allein die Rinde des Hirns aus, sondern sie findet sich auch in innern Theilen, sogar im Innersten des verlängerten und Rückenmarks, in einigen Nerven und in den Nervenknoten. Die neuesten angestellten Untersuchungen haben selbst in dem innern Bau beyder Substanzen wenig oder gar keinen Unterschied entdeckt. Endlich ist es wahrscheinlich, daß graue Substanz sich allmäh-

F 5

mählig in weiße verwandeln kann, (§. 333.); wes
sentlich sind also beyde Substanzen nicht verschieden,
noch die vorgebliche Absonderung erwiesen.

§. 384.

2. Die äußere Gestalt der Nerven, und die
Aehnlichkeit einiger Hirntheile mit Fasernbündeln
thun nichts zur Sache. Der innere Bau entschei-
det den Streitpunkt. Derselbe besteht entweder
aus aneinander hängenden elastischen Kugeln, oder
aus Fasern, um einen Cylinder gewickelt. In
beyden Fällen fällt die gerade Richtung der Markfasern, oder wohl gar ihre Existenz und folglich
auch ihre Höhle weg. (§. 348.)

§. 385.

4. Im sechsten oder letzten Argument ist der
Vordersatz falsch, und folglich fallen die Consequen-
zen von selbst weg.

§. 386.

5. Die Analogie mit der Oekonomie der Pflanzen ist unrichtig, denn Nerven und Nervenkraft kommen nur dem Thiergeschlecht zu. Auch ist die Vergleichung des Nerven = Systems mit dem Bau,
der Vertheilung, und den Verrichtungen des Gefäße = Systems unrichtig und paßt nicht. Die
Gefäße haben offenbare Höhlen, die Nerven nicht;
unterbunden schwellen sie auf, die Nerven nicht;
die Gefäße vertheilen sich bis in unsichtbare verwickelte Zweige; die Nerven legen schon eher ihre
Häute ab, und senken ihr Mark sichtbar in das
Wesen der Theile; die Gefäße geben keine zurück-
laufende Aeste, welches doch die Nerven thun.
Die Gefäße bringen Blut und andere Säfte in die
Theile

Theile des menschlichen Körpers, die Nerven Empfindsamkeit und Nervenkraft.

§. 387.

Die Erklärbarkeit aller Erscheinungen aus dieser Hypothese würde nichts beweisen, wenn sie reell wäre, aber sie ist nur scheinbar. Sie erklärt nur unvollständig und unbefriedigend, wie Bewegung und Empfindung durch die Nerven geschehen, die übrigen Wirkungen der Nerven, (§. 353. u. f.) bleiben im Dunkeln und unerklärt. Noch führt sie zu unauflösbaren Schwierigkeiten, z. B. wo die Lebensgeister hinkommen? wie und durch welche treibende Kräfte der Zufluß und der Rückfluß des Nervensafts geschehe? u. s. w.

§. 388.

Beugt man dieser letzten Schwierigkeit aus, wenn man die Bewegungen durch den Einfluß des Nervensafts, die Empfindungen hingegen durch den Stillstand desselben und die Wahrnehmung des hemmenden Hindernisses im Gehirne erklärt? Nein: denn jeder Druck macht die Empfindung stumpf: Reiz ist nicht Druck, und Stillstand ist nicht mehr Bewegung.

§. 389.

Oder weicht man diesen Einwürfen dadurch aus, wenn man annimmt, die Lebensgeister sind eine Reihe einander berührender Kugeln, welche den empfangenen Stoß entweder vom Hirn abwärts, oder von den Enden der Nerven aufwärts fortsetzen? Eben so wenig: Dann entweder sind die Kugeln flüssiger Natur, und fliessen auf den empfangenen Stoß zusammen, ohne die Bewegung fortzusetzen, oder sie sind

sind fest und elastisch, und folglich kein Nervensaft mehr.

§. 390.

Sollte eine Kraft, der elektrischen oder der mag-
netischen ähnlich, ohne in Kanälen oder hohlen Röhren eingeschlossen zu seyn, hinreichen, den Einfluß
der Nerven begreiflich zu machen? Ich zweifle.
Wir kennen jene Kräfte durch zuverläßige Versuche; die Nervenkraft hingegen gar nicht. Vielleicht lehrt die Zeit ein mehreres.

§. 391.

Bis dahin halten wir dafür, daß die Nervenkraft eine dem Hirn und den Nerven eigenthümliche,
ihrer Natur nach unbekannte, nach besondern Gesetzen, welche von allen bisher bekannten gänzlich ab-
weichen, wirkende Kraft sey.

Zweytes Kapitel.
Empfindung und äußere Sinnen.

§. 392.

Das erste und vorzüglichste Geschäft des Hirns
und der Nerven ist die Empfindung (§. 360).
Sie ist über das ganze Thierreich verbreitet, und
macht den Charakter der Animalität aus.

§. 393.

Empfindung oder Gefühl im weitläuftigen Verstande sind dem Menschen von dem Schöpfer in der
Absicht gegeben, die äußern uns umgebenden Dinge,
und ihren wohlthätigen oder schädlichen Einfluß auf
den m. K. kennen zu lernen: die Befriedigung der
Natur-

Naturtriebe zu befördern; Begriffe zu erlangen und
die innern Sinne zu bilden.

§. 394.

In Rüksicht auf den ersten Endzweck sind die
Empfindungen entweder angenehm und erfreulich,
oder widrig und unangenehm; jenes ist Wollust,
letzteres Schmerz. Wollust geht leicht in Schmerz
über, wann der Eindruck des Empfindung erregen-
den Körpers verstärkt wird, oder der berührte Nerv
zu empfindlich ist. Der Kitzel scheint zwischen beyden mitten inne zu stehen.

§. 395.

Hunger, Durst, und Begattungslust sind Empfindungen oder Naturtriebe, welche zur Selbst-
erhaltung und Fortpflanzung des Geschlechts ab-
zwecken. Ihre Befriedigung ist Wollust; die
Nichtbefriedigung hingegen verursacht Schmerz und
Krankheit.

§. 396.

Auch der Reiz des sich in der Urinblase anhäu-
fenden Harns, und des im Mastdarm gesammelten
Unraths gehören zu den natürlichen Empfindungen; sie sind nothwendig zur Beförderung der
Ausführungen.

§. 397.

Fünf besondere sinnliche Werkzeuge zum 1. fühlen 2. riechen 3. schmecken 4. hören 5. sehen — hat
der Mensch zur Erlangung der Begriffe und Ausbildung seiner Seelenkräfte erhalten. Diese belehren
uns über die Eigenschaften der übrigen Weltkörper,
in so fern solche von der Art sind, daß sie einen Eindruck auf eines unserer Sinnorgane machen.

§. 398.

§. 398.

Die Empfindungen dieser einzelnen Organen sind
an sich so verschieden, als die Art u. Weise, auf welche
die äußern Körper auf dieselben wirken. Eine Be-
rührung des einwirkenden Körpers ist zwar bey allen
nöthig, allein die einem jeden eigene Empfindung
hängt von der Struktur des Organs ab.

§. 399.

Im übrigen sind alle fünf Sinnen bald objec-
tiv und belehrend, bald subjectiv und genießend.
Der Geschmack allein scheint mehr zur letztern Art zu
gehören. Fein sind sie, wann sie die Verschiedenheiten der Eindrücke leicht entdecken: scharf, wann
ein leichter Eindruck auf sie wirkt.

§. 400.

Und hier zeigt sich der Vorzug der menschlichen
Sinne vor den thierischen. Nicht allein sind dem
Menschen die innern Sinnen vorzüglich eigen und
für ihn unterscheidend, nicht allein zeichnet er sich
von den Thieren durch mehrere Organen der Sinnen
aus, sondern auch diejenigen selbst, die er mit ihnen
gemein hat, sind entweder von größerm Umfang z. B.
das Gesicht — oder feiner, wann sie auch bey Thieren schärfer sind, z. B. der Geruch.

§. 401.

Uebung schärft die Sinnen, und ersetzt sogar
den Mangel eines Sinnes durch den größern Umfang eines andern.

§. 402.

Auf zwo Empfindungen von verschiedener Art
kann die Seele niemalen gleiche Aufmerksamkeit wen-
den. Eine stärkere Empfindung unterdrückt die
schwächere.

I. Das

I. Das Gefühl.

§. 403.

Die Ordnung, nach welcher die Sinnen abgehandelt werden, ist willkührlich. Wir werden also zuerst von dem Sinne des Gefühls reden. Das Gefühl kann entweder im allgemeinen Verstande alle Empfindungen, auch sogar des Sehens, Hörens u. s. w. andeuten; oder es wird im engen Verstande genommen, und hat in sofern seinen Sitz in demjenigen Theil der äussern Bedeckungen, welcher die Haut genennt wird.

§. 404.

Die Haut ist ein aus vielen, eng und dicht an einander liegenden Fasern, vielen Gefäßen und vielen Nerven durchflochtenes, ausdehnbares, poröses Zellengewebe, dessen innere Fläche, durch lockere Fasern an die Muskeln befestigt, die äußere durch die Oberhaut bedeckt und vor dem Eindruck der äussern Luft verwahrt wird.

§. 405.

Die Oberhaut ist eine trockene, beynahe hornartige Lamelle, porös, ohne Gefäße. Ueberall begleitet sie die Haut, verläßt dieselbe nirgends, und ist durch die letzten Endigungen der Gefäße an dieselbe befestigt. Beyde steigen durch die natürlichen Oeffnungen des K. in die innern Theile, und geben den meisten ihre innere Haut.

§. 406.

Zwischen beyden ist das Malpighische Netz, eine schleimige Haut, undurchlöchert, bey dem weißen Menschen ohne Farbe und dünn, beym schwarzen dichter und durch den Ueberfluß des ausdünstenden Brennbaren schwarz gefärbt.

§. 407.

§. 407.

Die Haut ist nicht allein das Werkzeug der Ausdünstung (s. Abschn. V. Kap. 3.), sondern sie ist vermöge ihrer Empfindsamkeit der Wächter des Körpers, durch welchen die Seele die Eindrücke aller
äußern uns umgebenden Dinge wahrnimmt.

§. 408.

Im strengsten Verstande aber hat der Sinn des
Gefühls seinen Sitz auf den Fingerspitzen. Denn
jene Empfindlichkeit der Haut haben auch die Thiere,
das Gefühl aber der Mensch allein. Es ist ein
Vorzug seines Geschlechts und seiner organisch ge-
bauten Hände.

§. 409.

Hier ragen, in concentrische Zirkel geordnet,
die fühlenden Papillen hervor, aus Nerven und Gefäßen, in einen Bündel gesammelt, zusammengesetzt, mit dem malpighischen Netz und der Oberhaut
überzogen, welche die Empfindung der Papillen
mäßigen.

§. 410.

Ein stärkerer durch die Aufmerksamkeit der Seele
veranlaßter Einfluß des Bluts macht sie steif und
erhöht ihre Empfindung.

§. 411.

Auf der entgegengesetzten Seite liegen die Nä-
gel, hornartig, nicht aus verhärteten Nerven ent-
sprungen, sondern aus einer verdickten Oberhaut
bestehend; sie widerstehen dem berührten Körper,
und machen das Fühlen noch genauer.

§. 412.

Das Gefühl ist für den Menschen von ausge-
breitetem Nutzen, es gewähret ihm sinnliche Lust, und
beleh-

belehret ihn von der Wärme, Kälte, Trockenheit,
Feuchtigkeit, von den mancherley Verhältnissen, der
Größe, Bewegung, Ruhe, Schwere, Festigkeit,
Flüßigkeit und der dynmischen oder mechanischen
Schärfe der ihn berührenden Körper.

§. 413.

Dem Blinden erseßt es das Gesicht, und lehrt
ihn die Entfernung beurtheilen; so auch das Kind,
dessen Auge hiezu noch nicht geübt ist.

II. Der Geschmack.

§. 414.

Die nächste Verwandschaft mit dem Sinne des
Gefühls hat der Geschmack. Das schmeckende
Organ ist ganz allein die Zunge, ein Inbegriff vieler Muskeln, mit der Haut und Oberhaut bekleidet,
deren Beschaffenheit jedoch durch die Befeuchtung
des Orts einigermaßen von der äußern abweicht.
Die Zunge ist hinten an ihrer breiten Wurzel durch
viele Muskeln am Rachen befestigt, füllt die Höhle
des Mundes aus, und reicht mit ihrer vordern Spiße
bis an die Schneidezähne.

§. 415.

Die Zunge ist ein zu verschiedenen Verrichtungen fähiges Organ. Zum Geschmack dient vorzüglich der vordere Theil des Rückens, die Spiße und
die beyderseitigen Ränder.

§. 416.

In dieser Absicht hat der Schöpfer die Zunge
gleich den Fingerspißen mit fühlenden, aber auch
zugleich schmeckenden Papillen verseßen, deren verschiedene Arten sind: nemlich 1. aufgeworfene
(vallatae s. truncatae), 2. schwammförmige (fun-
gi-formes),

G

gi-formes), 3. kegelförmige (conicae); diese letztern sind eigentliche Nervenpapillen, denen an den Fingerspitzen an Bau und Form ganz ähnlich, jedoch größer.

§. 417.

In die Zunge vertheilen sich daher verschiedene ansehnliche Nervenstämme: 1. Ein Zweig des dritten Astes vom fünften Paar. 2. Ein Zweig vom achten. 3. Das ganze neunte Paar, der mittlere Zungennerve genannt, welches sich eigentlich in die Nervenpapillen zu verlieren scheint.

§. 418.

Auf diese schmeckende Nervenpapillen wirken die salzigen oder doch mit Salzen vermischte schmeckbare Theilchen der Speisen oder Arzneyen auf eine eigene unbekannte Art, und erwecken daher in dem Wohnplatz der Sinnen den vom Gefühl sehr verschiedenen Begriff des Geschmacks.

§. 419.

Sollte wohl der Unterschied des Gefühls und Geschmacks blos in der Größe der Zungenpapillen seinen Grund haben? Sind die großen Geschmack-Wärzchen der grasfressenden Thiere der Grund ihres schärfern Geschmacks? Ich zweifle. Die eigene Empfindung, die jedes Organ gewährt, scheint nicht von der Größe desselben abzuhängen.

§. 420.

Der Geschmack dient zwar mehr dem Thier, als dem Menschen zur Unterscheidung der schädlichen Dinge. Hingegen ist der Geschmack des Menschen feiner, und von größerem Umfang als bey den Thieren.

§. 421.

§. 421.

Und in sofern scheint uns auch die Natur den Sinn des Geschmacks mehr zur sinnlichen Lust beym Genuß der Speisen, als zur Ausbildung der innern Sinne gegeben zu haben.

III. Der Geruch.

§. 422.

Nahe bey dem Organ des Geschmacks hat die Natur den Sinn des Geruchs angelegt. Zwischen beyden scheint eine freundschaftliche Verbindung obzuwalten.

§. 423.

Die Nase, der Sitz des Geruchs, hat zwo äusserliche, durch eine knorplichte Scheidewand, getheilte Oeffnungen. Sie erstrecke sich dann nach oben und nach hinten über alle Oberflächen des Siebbeins, die Höhlen des Stirnbeins, des Keilbeins, die innere Fläche und Höhle des Backenbeins auf beyden Seiten.

§. 424.

Der künstlich angebrachte Bau aller dieser Höhlen war nothwendig, um dem Organ des Geruchs in dem rund geformten Menschenkopf eine hinlängliche Ausbreitung zu schaffen.

§. 425.

Auch dienen diese Höhlen zur Schönheit und Verstärkung der menschlichen Stimme.

§. 426.

Diese ganze Oberfläche ist mit einer sehr weichen, gefäßreichen, ausserordentlich empfindlichen, mit Schleim immer bedeckten Membran ausgekleidet, die Schneidersche Schleimhaut genannt.

G 2

§. 427.

§. 427.

Das erste Paar der Nerven, die Geruchsner-
ven genannt; ein Zweig des ersten und ein Zweig
des zweyten Aftes vom fünften Paar, vertheilen sich
in der pulpösen Schleimhaut, machen sie empfindlich und zum Sitz des Geruchs. Der Schleim
mäßigt ihre Empfindlichkeit.

§. 428.

Jede Schärfe, wäre es auch nur Staub, fällt
dieser empfindlichen Membran so beschwerlich, daß
durch die Gesetze ihres Consensus mit dem Zwerchfell das Niesen entsteht (§. 215.); ein Bestreben der Natur, die widrige Schärfe aus der Na-
senhöhle mit Gewalt fortzuschaffen.

§. 429.

Die Nase riecht vermittelst des Einathmens,
besonders bey geschlossenem Munde; die eingeath-
mete Luft ist mit den flüchtigen äußerst feinen riech-
baren Theilchen der uns umgebenden Körper be-
schwängert, welche, an die papillenartigen Endigungen der Nerven auf der Schleimhaut gebracht,
in unsrer Seele den Begriff des Geruchs erregen.

§. 430.

Dieses sinnliche Organ steht nicht allein mit dem
Wohnplatz der Sinnen in näherer Verbindung als
andere, wie solches aus den heftigen Wirkungen
stark riechender Dinge erhellet, sondern es pflegt
auch ein feiner Geruch ein Merkmal höherer Seelenkräfte zu seyn.

§. 431.

Bey vielen Thieren ist zwar der Geruch schärfer
als bey den Menschen, jedoch nicht so fein, und
minder ausgebreitet.

IV.

IV. Das Gehör.

§. 432

Das Gehör ist diejenige im Innersten der Ohren sich ereignende Empfindung, welche durch einen Schall in dem uns am nächsten umgebenden Luftkreis erregt wird.

§. 433.

Der Schall ist eine nach allen Seiten sich verbreitende, bebende, schwingende und zitternde Bewegung der Luft, welche derselben durch zwey an einander stoßende elastische Körper mitgetheilt wird.

§. 434.

Diese schwingende Bewegung nimmt die Luft desto leichter an, und pflanzt sie desto geschwinder und weiter fort, je mehr sie rein, dephlogistisirt, und elastischer ist, und je weniger ihr entgegenkommende Winde widerstehen.

§. 435.

Die Schnelligkeit dieser Schwingungen muß wenigstens 30mal in einer Secunde betragen. Eine mindere Anzahl Schwingungen und ihre allzu große Entfernung von dem Mittelpunkt hemmt oder dämpft gänzlich den Schall.

§. 436.

Der Schall pflanzt sich in unsrer gewöhnlichen Atmosphäre 1034 bis 1038 Fuß weit in einer Secunde fort; also minder schnell als das Licht.

§. 437.

Er dringt durch Wasser, Mauren, Knochen, erregt in andern elastischen nahe genug gelegenen Körpern ähnliche Schwingungen, und wird dadurch merklich verstärkt.

G 3

§. 438.

§. 438.

Der Schall prallt in elastischen Körpern, unter einem Winkel, der dem Einfallswinkel gleich ist, wieder zurück, welcher in der Entfernung von 50 Fuß ein Echo ausmacht. In einer cylindrischen Röhre behält er seine Kraft unvermindert. In einer conischen hingegen wird seine Kraft ungemein vermehrt.

§. 439.

Gleichstimmende Töne erfolgen auf eine gleiche Anzahl von Schwingungen; Octaven durch die verdoppelte Zahl.

§. 440.

Das menschliche Ohr ist von dem Schöpfer so gebaut, daß es die Töne bequem aufnehmen, vermehren, fortsetzen, und empfinden kann. Es kann in das äußere und innere eingetheilt werden.

§. 441.

Das äußere Ohr des Menschen ist seiner Gestalt nach von demjenigen der meisten vierfüßigen Thiere ganz verschieden. Dieses ist lang, cylindrisch oder conisch; jenes ist muschelförmig und dient zur Zierde des menschlichen Gesichts.

§. 442.

Diese Muschel ist durch Bänder an das Schlafbein befestigt, knorplicht, außer am untern Ende, mit der Haut und Oberhaut bekleidet, unter welchen viele Talgdrüsen liegen. Ihre Hervorragungen und Vertiefungen dienen zur Aufnahme und Fortpflanzung des Schalls nach dem Gehörgang, welcher durch ein Blatt und Gegenblatt bedeckt ist.

§. 443.

Außerdem ist das Ohr des vierfüßigen Thiers beweglich, und kann durch eigene Muskeln nach

ver-

verschiedener Richtung gestellt, dem Schall entgegen gehen. Das menschliche Ohr hat zwar auch
Muskeln, die zu seiner Bewegung bestimmt sind,
allein seine Beweglichkeit ist durch Abartung verloren gegangen.

§. 444.

Den aufgefangenen Schall pflanzt das Ohr in
dem äußern Gehörgang fort; einen im Schlafbein
eingegrabenen knöchernen, doch von außen, (bey
Kindern ganz) knorplichten, cylindrischen, horizontal laufenden, nach vorne gekrümmten Kanal, dessen Bekleidung die Haut und Oberhaut ausmacht.
Eine Menge hervorstehender steifer Haare versperren den schädlichen Körpern den Eingang; und eine
große Anzahl Talgdrüsen übertünchen den Gang mit
dem Ohrschmalz; einer braungelben, bittern
Schmiere, deren Anhäufung eine Ursache der Taub-
heit seyn kann.

§. 445.

Der äußere Gehörgang empfängt den Schall;
dessen Stärke daselbst nicht allein beybehalten, sondern auch durch die Schwingungen des elastischen
Gehörganges verstärkt wird. So wird derselbe bis
zum Trommelfell fortgesetzt.

§. 446.

Den Mangel des äußern Ohrs ersetzt einigermaßen eine künstliche von elastischer Substanz ver-
fertigte Muschel.

§. 447.

Am Ende des Gehörganges ist das Trommelfell in einem beinernen, bey Erwachsenen mit dem
Schlafbein verknöcherten Ring ausgespannt; sie ist
undurchbohrt, und macht die Scheidewand zwischen

G 4 dem

dem Gehörgang und der Trommelhöhle. Ihre Richtung ist schief; ihre Form oval; sie besteht aus der äußern Haut nebst der Oberhaut und der Beinhaut der Trommelhöhle.

§. 448.

Das Trommelfell als eine gespannte, elastische Membran nimmt den empfangenen Schall auf, geräth selbst in Schwingungen, welche nach Verschiedenheit der Töne stärker oder schwächer sind, und theilt dieselben der Trommelhöhle und den darinnen enthaltenen Theilen mit. Die Spannung des Trommelfells kann durch die sogleich zu erwähnenden Muskeln des Hammers vermehrt werden.

§. 449.

Nun folgt das innere Ohr. Es besteht aus zwo Abtheilungen; der Trommelhöhle und dem Labyrinth.

§. 450.

Die Trommelhöhle oder Pauke ist die vorderste im Felsbeine, rundlich, jedoch unförmig, hinterwerts durch die Zellen des Zitzenbeins vergrößert; vor- ober- und unterwerts ebenfalls zellenförmig, und durch das Vorgebürge in zwey Theile getheilt. Sie ist mit einer gefäßereichen Beinhaut umkleidet, mit einem aus den Adern derselben quillenden Schleim angefüllt. Uebrigens ist die Pauke voll elastischer Luft, welche durch die Eustachsche Röhre mit der äußern Luft Gemeinschaft hat.

§. 451.

Die Eustachsche Röhre entspringt aus dem vordern Theil der Pauke, geht im Felsenbein bis an dessen Spitze fort, wird daselbst knorplicht, allmäh-

lig

lig weiter, und öffnet sich im Rachen. Vermittelst derselben können die Schwingungen der Luft ebenfalls in die Pauke gelangen, und sich daselbst fortpflanzen.

§. 452.

In der Pauke sind merkwürdig: vier kleine Gehörknochen, welche in einer gewissen Ordnung mit einander verbunden sind; das ovalrunde Fenster, und das zirkelrunde Fenster; beyde im hintern Grund der Pauke.

§. 453.

Der erste der Gehörknochen, der Hammer, liegt an der vordern Seite der Pauke, mit seinem dicken Kopf über dem Ring des Trommelfelles — mit dem länglichten Stiel hingegen, an der innern Seite desselben so befestigt, daß er solches mit seinem gekrümmten Ende in der Mitte einwärts zieht, und in zwey, aber ungleiche halbe Zirkel theilt. In dieser Lage wird der Hammer durch Bänder festgehalten und liegt mit dem Kopf in einer Vertiefung des Amboßes.

§. 454.

Ob der Hammer nur einen oder zwey — drey Muskeln habe, ist nicht entschieden. Gewiß ist, daß durch dieselben das Trommelsell gespannt und erschlafft werden könne.

§. 455.

Des Amboßes, auf dessen Körper der Kopf des Hammers ruht, kürzeres Bein ragt nach hinten in die Zellen des Zitzenbeins; das längere steigt senkrecht herunter, krümmt sich nach innen, nimmt das Linsenbein auf, und articulirt mittelst desselben mit dem Steigbügel.

G 5

§. 456.

§. 456.

Der Steigbügel ist durch seinen Kopf an das längere Bein des Amboßes befestigt; seine Schenkel laufen in horizontaler Richtung nach hinten; ihr Zwischenraum ist mit einer zarten Haut, die sich in ihre Rinne einläßt, ausgefüllt. Die Basis steht auf dem ovalen Fenster. Ein Muskel regiert den Steigbügel so, daß das hintere Ende tiefer in das eyrunde Fenster eindringen kann.

§. 457.

Das eyrunde Fenster ist eine dem Trommelfell gerade gegen über etwas nach hinten gelegene ovale Oeffnung, welche aus der Pauke nach dem Vorsaal führt. Doch ist diese Oeffnung durch die Basis des Steigbügels so verschlossen, daß keine Luft aus der Trommelhöhle in den Vorsaal dringen kann.

§. 458.

Das runde Fenster liegt unter dem vorigen; es führt zu einer der Schneckentreppen, und ist mit einer Membran verschlossen.

§. 459.

Die Schwingungen des Trommelfells (§. 448.) werden dem Hammer mitgetheilt, und durch die Wirkung seiner Muskeln vermehrt, auf den Amboß fortgepflanzt, dem Steigbügel übergeben, welcher sie vermittelst seiner eigenen Bewegung, den im Labyrinth gelegenen Theilen communicirt. Selbst die knöchernen Wände der Pauke, gerathen in Schwingungen. Zu gleicher Zeit erhebt die elastische in der Trommelhöhle zugegene Luft, bringt die Membran des runden Fensters in Bewegung, und vermehrt die Schwingungen in den Gehörknochen.

§. 460.

§. 460.

Was die Trommelſaite (ein queer durch die Pau=
ſe laufender Aſt des Geſichts=Nerven) hiebey thut,
oder leidet, iſt unbekannt.

§. 461.

Der im Innerſten des Felſenbeins verborgene
Labyrinth beſteht aus dem Vorſaal, den halb=
zirkelförmigen Kanälen und der Schnecke.

§. 462.

Der Vorſaal (veſtibulum) liegt in der Mitte;
eine rundliche Höhle, mit einer Beinhaut bekleidet,
welche durch eine Verdopplung wieder zwo Kam=
mern bildet, eine vordere innere, und eine äuſ=
ſere hintere. In die vordere öfnet ſich das eyrunde
Fenſter der Pauke, und die Mündung der Vorſaal=
treppe; die 5 Oeffnungen der halbrunden Kanäle ge=
hen zum Theil in die vordere, zum Theil in die hin=
tere Kammer.

§. 463.

Die drey halbrunden Kanäle, zween ſenk=
rechte und ein horizontal liegender, liegen im Grunde
des Felſenbeins, öffnen ſich durch fünf Oeffnungen,
deren eine gemeinſchaftlich iſt; theils in die vordere,
theils in die hintere Kammer des Vorſaals.

§. 464.

Die Schnecke liegt in der Spitze des Felſen=
beins, windet ſich zwey und ein halbmal um ihren
hohlen Kern, und wird bis an die Spitze ihrer
Windungen durch eine halb knöcherne halb membra=
nöſe Scheidewand in zwo Treppen getheilt, davon
die obere ſich in den Vorſaal öffnet, die untere ſich
am runden Fenſter der Pauke endigt.

§. 465.

§. 465.

Die innere Oberfläche aller zum Labyrinth gehörigen Theile ist mit einer zarten Beinhaut bekleidet,
ihre Höhle aber nicht mit Luft, sondern mit einem,
der wässerigen Feuchtigkeit im Auge ähnlichen Humor angefüllt, welcher durch die Arterien der Beinhaut abgesondert, und durch zwo besondere Oeffnungen (aquæductus s. diverticula) wieder ausgeführt
wird.

§. 466.

In diesen Höhlen und in der Scheidewand des
Vorsaals vertheilen sich übrigens die vom weichen
Theile des siebenten Nervenpaars herstammenden
Zweige. Der so genannte harte Nerv, welcher
durch seinen eigenen Kanal aus dem Schlafbein geht
und zum Gesichtsnerven wird, scheint zum System
des Gehörorgans weiter nicht zu gehören.

§. 467.

Das Wasser im Labyrinth empfängt von dem
Steigbügel eine zitternd wellenförmige Bewegung,
welche der Scheidewand des Vorsaals mitgetheilt
wird, und in den Nerven derselben schon die Empfindung des Gehörs erregt, zugleich aber wird
diese Bewegung in die hintere Kammer, und durch
dieselbe in die halbrunden Kanäle fortgepflanzt,
durch die von der Trommelhöhle in die Knochen
des Labyrinths fortgesetzte Schwingungen vermehrt,
und so in der zarten hier vertheilten Nervensubstanz
die Empfindung des Schalls hervorgebracht.

§. 468.

Der obern Treppe der Schnecke wird eben diese
Bewegung durch den Steigbügel, der untern durch
die

die Schwingungen der Membran des runden Fensters beygebracht.

§. 469.

Wie aber alle diese so verschieden gebaute Theile das ihrige zum Gehör beytragen, ist noch nicht offenbar. Aus der vergleichenden Anatomie erhellet, daß zum eigentlichen und scharfen Gehör, die Schnecke nicht unumgänglich sey.

§. 470.

Doch muß sie wohl zum ausgebreiteten und feinen Gehör des Menschen nothwendig seyn. Sollten wohl in ihr die tiefsten Töne, und die höchsten hingegen im übrigen Labyrinthe erklingen? dem sey, wie ihm wolle, so gründet sich auf die Feinheit und den weiten Umfang des menschlichen Gehörs das Vergnügen und die Zauberkunst der Musik.

§. 471.

Daß wir mit zwey Ohren nur einen Ton hören, ist der Aehnlichkeit der Schwingungen und des Eindrucks in die Gehörnerven, welche nur einen Begriff in dem Wohnplatz der Sinnen erregt, zuzuschreiben.

§. 472.

Daß ein allzuhoher und starker Schall mehr Schmerz als eine Empfindung von Gehör erregt, ist nicht der stärkern Spannung der Nerven zuzuschreiben (dann diese findet nicht statt), sondern entweder den allzustarken Erschütterungen der Gehörknochen insgesammt, oder einer übertriebenen Empfindlichkeit der Nerven.

V. Das Gesicht.

§. 473.

Das Organ des Gesichts sind die Augen. Durch sie erhalten wir von dem Licht, und vermittelst dessel-

deſſelben von den Farben und andern Eigenſchaften
der uns umgebenden Körper, die uns nöthigen
Begriffe.

§. 474.

Die Lichtmaterie iſt entweder eine ſtrahlenweiſe
aus leuchtenden Körpern fließende Subſtanz, oder
eine, gleich dem Schall durch einen leuchtenden
Körper verurſachte Schwingung des Aethers.

§. 475.

Dieſe Lichtmaterie wird von dunklen Körpern
gänzlich abſorbirt; von andern undurchſichtigen
angenommen und zurück geworfen; von durchſich-
tigen verändert oder unverändert durchgelaſſen.

§. 476.

Die Zurückwerfung der Lichtſtralen durch un-
durchſichtige Körper, geſchieht unter einem Winkel,
gleich dem Einfallswinkel; es mag nun dieſe Zu-
rückprellung nur blos die Urſtralen allein enthalten,
oder die Lichtmaterie durch die Sympathie der
Schwingungen im reflektirenden Körper vermehrt
werden.

§. 477.

Die Durchlaſſung der Lichtſtralen in durchſichti-
gen Körpern, iſt dem Geſetze unterworfen, daß
dieſelben durch dichtere flache Körper gegen den
Mittelpunkt gebrochen werden; noch mehr aber ge-
ſchiehet ſolches durch erhabene krumlinichte Flächen,
welche die Stralen ſehr bald in einen Brennpunkt
vereinigen.

§. 478.

Ausgehöhlte Flächen zerſtreuen hingegen die
Lichtſtralen, und entfernen ſie von dem Mittelpunkt.

§. 479.

§. 479.

Der Brennpunkt der durch convexe durchsichtige Körper vereinigten Lichtstralen (§. 477.) stellet das Bild des Körpers dar, von welchem sie ausgegangen sind; jedoch wegen der Kreutzung der Lichtstralen, verkehrt.

§. 480.

Parallele, oder wenig von einander abweichende Stralen, wann sie unter einem größern Winkel als von 48 Graden auf erhabene durchsichtige Körper fallen, werden nicht durchgelassen, sondern zurückgeworfen.

§. 481.

Die Augen sind von dem weisen Schöpfer so gebaut, daß sie die Lichtstralen nach diesen Gesetzen aufnehmen, brechen, in einen Brennpunkt vereinigen, das umgekehrte Bild auf der Netzhaut empfangen; und die Seele vermittelst dessen einen Begriff davon erlangt.

§. 482.

Ein jedes Auge ist eine beynahe runde Kugel, von hinten an den Sehenerven, nicht in der Mitte, sondern näher an der innern Seite, als an einen Stiel befestigt. Die Lage der Augen ist unter der Stirne in den mit vielem Fett ausgefüllten Augenhöhlen; sie sind nach allen Seiten beweglich.

§. 483.

Das Auge besteht aus Häuten und Feuchtigkeiten. Die äußerste ist die harte Haut (sclerotica), sie ist grau von Farbe, dicht, nach hinten dick, nach vorne dünner, und giebt dem ganzen Augapfel Festigkeit und Haltung. Ohnerachtet ihrer Aehnlichkeit mit der harten Hirnhaut ist sie doch keine Fortsetzung

ſetzung derſelben; hängt aber an der Stelle des Ein-
tritts des Augennerven mit ihr zuſammen. Eben
hier iſt die harte Haut ganz dünne, und gleich einem
Sieb mit kleinen Oeffnungen zum Durchgang der
Nervenſubſtanz durchbohrt.

§. 484.

An der vordern Seite des Auges entſteht aus der
harten Haut die durchſichtige Hornhaut, rund
im Umfange, und mehr erhaben; aus vielen dünnen, durch ein zartes, mit Feuchtigkeit durchgenäß-
tes Zellgewebe vereinigten, Lamellen zuſammengeſetzt.

§ 485.

Unter der harten Haut folgt die Aderhaut
(choroidea), welche mit der innern Oberfläche der
harten, durch ein feines Zellengewebe und kleine
Gefäße zuſammenhängt. Sie iſt keine Fortſetzung
der weichen Hirnhaut; jedoch, wie dieſe, dünne, gefäßereich; iſt aber in zwey Lamellen theilbar, aus-
wendig braun oder ſchwarz, inwendig dunkelgrau.

§. 486.

Wo die ſchwarze Farbe, welche dieſe Haut nebſt
ihren Verlängerungen ſo ſtark braun färbt, her-
komme, läßt ſich noch mit keiner Gewißheit beſtimmen. Das Waſſer nimmt dieſe färbende Materie
auf, und benimmt der Aderhaut ihre braune Farbe.

§. 487.

Gerade unter dem Kreis, welchen die aus der
harten Haut entſtehende Hornhaut macht, iſt jene
mit der Aderhaut durch den Sternkreis (orbi-
culus ciliaris) inniger verbunden. Beyde Häute
ſcheinen hier in eine weiche knorpelartige Subſtanz
verändert zu ſeyn.

§. 488.

§. 488.

In diesem Sternkreis hat der Fleiß der Neuern einen hohlen Gang entdeckt, dessen Nutzen noch nicht bekannt ist.

§. 489.

Aus dem innern Umfang des Sternkreises kommt wieder eine zirkelförmige Fortsetzung der Aderhaut, unter dem Namen des Regenbogens (Iris), welche hinter der durchsichtigen Hornhaut sichtbar ist; sie ist nicht gewölbt, sondern flach. Die hintere Seite ist jederzeit schwarz, und wird die Traubenhaut (uvea) genannt. Die vordere ist flockicht und gestreift. Ihre Farbe ist entweder blau, grau, helle oder dunkelbraun.

§. 490.

Die Regenbogenhaut ist in ihrer Mitte mit einer, bey den Menschen runden, bey Thieren länglichten Oeffnung durchbohrt, der Stern (pupilla) genannt. Dieser Stern ist bey wenigem Licht weiter, bey mehrerm enger, und diese Veränderung, welche ganz unwillkührlich ist, steht mit der Empfindlichkeit der Netzhaut in genauer Verbindung.

§. 491.

Muskelfibern sind es nicht, welche diese Erweiterung und Verengerung bewirken, denn die Regenbogenhaut ist nicht reizbar. Sollte ein Einfluß der Säfte in die Gefäße die Ursache seyn? Ist zweifelhaft.

§. 492.

Der Augenstern ist in un- und neugehornen Kindern ganz verschlossen, und mit der Albinschen Sternhaut bezogen, welche in kurzem von selbst verschwindet.

$$\mathfrak{H}$$

§. 493.

§. 493.

Aus dem äußern Umfang des Sternkreises (§. 487) entsteht das Stralenband (ligamenta ciliaria); dicke, gefaltene mit der schwarzen Farbe der Traubenhaut überzogene Streifen, welche sich rings um, an die Kristallenlinse befestigen. Von ihrer eigentlichen Bestimmung ist noch nichts gewisses bekannt.

§. 494.

Die innerst gelegene Haut des Auges, und der eigentliche Sitz des Gesichts ist die Netzhaut (retina); das ausgespannte Mark des Sehnerven, welches an der innern Seite gefäßereich ist, und bis an den Umfang der Krystallenlinse geht. Die Markhaut ist sehr weich, breyartig, wie alles andere Nervenmark; grau von Farbe, und scheint daher auch aus beyderley Hirnsubstanz (§. 332) zu bestehen.

§. 495.

Die kugelförmige Höhle, welche diese Häute durch ihre Concavität ausmachen, wird durch den Glaskörper (humor vitreus) ganz ausgefüllt; dies ist eine höchst durchsichtige Materie, dichter als Wasser, von einer mittleren Consistenz, in einer ausserordentlich feinen Membran eingehüllt, und durch Verlängerungen derselben in verschiedene Kammern eingetheilt.

§. 496.

In der glasartigen Substanz vertheilt sich die Centralarterie, welche mit dem Sehenerven in den Augapfel kommt; sie ist vermuthlich die Quelle der Secretion dieser Feuchtigkeit.

§. 497.

In einer Vertiefung an der vordern Seite des Glaskörpers liegt die uneigentlich zu den Feuchtig-

keiten

kelten gerechnete Kristall = Linse (lens crystallina).
Sie ist, wie ihre Benennung anzeigt, linsenförmig,
auf der vordern Fläche minder convex, als auf der
hintern; aus einer festen, klebrigten, in Lamellen
auf einander liegenden, durch Zellgewebe vereinig=
ten Substanz, bestehend, durchsichtig wie Krystall;
in der Jugend röthlich, im Alter gelblich; in einer
eigenen durchsichtigen Kapsul verschlossen, aus wel=
cher sie leicht durch eine Wunde herausglitscht.

§. 498.

Rings um den Rand der Linse bildet die Haut
des Glaskörpers, welche vorne und hinten die Kap=
sul bekleidet, einen hohlen durch Zwischenräume un=
terbrochenen Gang (circulus Petiti); dessen Nu=
ten nicht bekannt ist.

§. 499.

Der kleine krummlinigte und dreyeckige Raum
zwischen der Krystall = Linse und der Traubenhaut
wird die hintere Kammer, und die dem Abschnitt
einer Kugel ähnliche Höhle, zwischen der Hornhaut
und der Iris, die vordere Kammer des Auges
genannt. Beyde sind mit einer äußerst feinen durch=
sichtigen wässerigen Feuchtigkeit angefüllt, welche
leicht verschwindet, leicht wieder ersetzt wird, und
durch die Hornhaut ausdunstet.

§. 500.

Die Augen haben verhältnißmäßig mehrere
Nerven erhalten, als jeder andere Theil. Die Se=
henerven (nervi optici) laufen nach ihrem Ursprung
zwar auf dem Türkensattel in einen zusammen; thei=
len sich aber wieder in den rechten und linken; jeder
geht durch das ihm bestimmte Loch in die Augen=

höhle,

höhle, durchbohrt den Augapfel an der innern Seite,
gehe vertheilt durch den siebförmigen dünnern Theil
der harten Haut, und eine daselbst befindliche Lücke
der Aderhaut, bildet eine warzenförmige Erhaben-
heit, und verbreitet sich in die Markhaut (§. 494).

§. 501.

Die Nerven des dritten Paars und der erste
Zweig des fünften, bilden erst den Augenknoten;
aus welchem die, die harte Haut durchbohrenden
Stralen = Nerven (nervi ciljares) entspringen.
Der vierte und sechste vertheilen sich in einige Mus-
keln des Auges.

§. 502.

So gebaut ist das Auge sehr geschickt zur Aufnahme der Lichtmaterie. Die unter einem kleinern
Winkel als von 48 Graden einfallende Lichtstralen
werden von der durchsichtigen Hornhaut durchgelassen, mit Beyhülfe der wässerigen Feuchtigkeit gegen
die Are des Auges gebrochen, und gegen die Pupille
gelenkt; die übrigen prallen zurück.

§. 503.

Von diesen gebrochenen Lichtstralen läßt die verengerte Pupille nur diejenigen durch, welche der Are
des Auges am nächsten sind; die übrigen werden von
der Iris verschluckt. Die erweiterte Pupille läßt
auch, von der Are entferntere Lichtstralen, in die
hintere Kammer kommen.

§. 504.

Auch hier vertilgt die schwarze Traubenhaut noch
die äußersten der durchgedrungenen Lichtstralen.

§. 505.

Diejenigen also allein, welche gerade in die Are
des Auges, oder nächst um dieselbe her in das Auge
fielen,

fielen, erreichen die Krystallen-Linse, werden von
derselben noch mehr gebrochen, und von dem dünnern Glaskörper so beysammen gehalten, daß der
Brennpunkt gerade auf die Markhaut fällt, welche
der eigentliche Sitz des Gesichts ist.

§. 506.

Auch ist auf der Markhaut nur ein Punkt für
das deutliche Sehen bestimmt, nemlich derjenige
durch welchen die eingebildete Axe des Auges geht;
neben der Stelle der Insertion des Augennerven.

§. 507.

Das deutlichste Sehen hat alsdenn Statt, wann
der Gegenstand in dem möglich kleinsten Raum auf
der Markhaut abgebildet wird.

§. 508.

Die Seele, welche vermöge der Fortsetzung des
Nervenmarks und seiner Gemeinschaft mit dem
Wohnplatz der Sinnen, den Begrif des auf der
Markhaut abgemalten Bildes erhält, kann auch nur
auf einen Gegenstand zugleich aufmerksam seyn.

§. 509.

Sieht der Mensch eigentlich umgekehrt, und
ist es die Erfahrung, welche ihn lehrt, diesen
Trug des Gesichts zu verbessern? Nein! dann
Blindgeborne, denen das Gesicht bey reifern Jahren verschafft worden, bezeugten das Gegentheil.

§. 510.

Warum sehen wir mit zwey Augen nicht doppelt? Muß die Seele diesen Fehler selbst verbessern
lernen? oder rührt solches von einem allgemeinen
Gesetze der Empfindungen her, daß ähnliche in eine
einzige verstärkte übergehen? oder vielmehr, weil
die beyden Punkte des deutlichen Gesichts nur mit

einem

einem Punkt im Wohnplatz der Sinnen übereins
stimmen?

§. 511.

Sieht man mit zwen Augen klärer als mit einem? Ja, aber nur um einen dreyzehnten Theil.

§. 512.

Damit nun aber der deutliche Sehepunkt der Augen, ohne Bewegung des Kopfs nach verschiedenen
Richtungen gestellt werden könnte, so hat jeder Augapfel sechs Muskeln, vier gerade und zween schiefe
erhalten; jene bewegen die Augen nach oben, nach
unten und nach der Seite; diese schief nach oben
und schief nach unten.

§. 513.

Ist diesen Muskeln auch wohl die Verrichtung
zuzuschreiben, daß sie den Abstand der Hornhaut und
der Krystallen-Linse von der Markhaut verändern, damit der Brennpunkt der Lichtstralen aus verschiedenen Entfernungen auf die Markhaut falle? Oder
ist dies das Geschäfte des Stralenbandes? oder ist
die Erweiterung und Verengerung der Pupille hinlänglich solches zu bewirken?

§. 514.

Die Beweglichkeit des Auges wird durch die
Lage des Augapfels in der kegelförmigen großen Au-
genhöle und in einem weichen Polster von Fett,
sehr erleichtert.

§. 515.

Von vorne ist das Auge bloß, und mußte eine
Schutzwehr haben. Sie kommt von den Augenliedern; deren zwey sind, das obere und das untere.
Das obere Augenlied ist eine Verdopplung der Haut
und

und Oberhaut, welche von dem Rand der knöchernen Augenhöhle bis über den Aequator des Augapfels heruntersteigt, wieder bis an ebendenselben Rand, jedoch feiner, zärter, und röthlich zurückläuft, und sich von da unter dem Namen der Adnata über das Auge wirft.

§. 516.

Ein eigener Muskel zieht das obere Augenlied in die Höhe und öfnet das Auge. Dieses Augenlied ist viel beweglicher als das untere.

§. 517.

Dieses entsteht eben so von dem untern Rand der Augenhöhle, wie das obere vom obern; und continuirt sich ebenfalls in die Adnata.

§. 518.

In beyden Augenwinkeln sind die Augenlieder durch Bänder befestigt, damit sie eine länglichte Oeffnung zwischen sich zurücklassen und ihre Bewegung erleichtert werde.

§. 519.

Der Rand beyder Augenlieder, wo sie zusammenstoßen, ist knorplicht, (tarsus); aus diesem Knorpel entstehen auf beyden Seiten kurze, schief auswärts stehende Haare (cilia), welche das einfallende Licht mäßigen und das Auge vor Insekten bewahren.

§. 520.

Auf dem Rand der Augenhöhle, gerade unter der Stirn liegt eine andere Reihe von Haaren, die Augenbraunen (supercilia); sie mäßigen ebenfalls das Licht, behüten die Augen vor Schaden, und zieren das menschliche Gesicht.

§. 521.

§. 521.

Ein gemeinschaftlicher umschliessender Muskel (orbicularis) schließt beyde Augenlieder, nicht allein im Schlaf, sondern auch willkührlich.

§. 522.

Zwischen den Hautverdopplungen in den Augenliedern, liegen häufige Fettdrüsen in länglichte und schlangenförmige Lagen geordnet. Sie öffnen sich durch etwa 30 Oeffnungen an den Rändern der Augenlieder, und verhindern das Zusammenwachsen derselben.

§. 523.

Das Auge von aussen und die Augenlieder von innen werden durch eine häufige, wässerige, salzige Feuchtigkeit benetzt, welche theils aus der Hornhaut ausdünstet (§. 499), theils das Fett aus den meibomschen Drüsen enthält; größtentheils aber aus der im äußersten Augenwinkel liegenden Thränendrüse, durch einige feine Gänge auf die Oberfläche des Auges gebracht wird.

§. 524.

Ein trauriger Affekt bewirkt eine häufigere Absonderung dieser Feuchtigkeit, welche dann unter dem Namen der Thränen in Menge über das untere Augenlied und die Backen herunter fliessen.

§. 525.

Die Bewegung der Augenlieder treibt die Thränen nach dem innern Augenwinkel, welcher abgerundet ist. Hier liegt die Augendrüse, welche aus Fettdrüsen bestehen soll; nebst der, beyde Augenlieder verhindenden mondförmigen Membran, welche die Thränen aufhält, und in die daselbst befindliche Oeffnungen die Thränen-Punkte

(puncta

(puncta lacrymalia) genannt, einzudringen zwingt.
Von da gehen sie in die im innersten Augenwinkel
spißig zusammenlaufende Gänge (ductus lacrymalis)
und durch diese in den Thränensack, welcher sich in
den untersten Theil der Nase öffnet.

§. 526.

Ob dieser Thränensack eigene Muskelfibern,
einen Verschließer, und folglich eine eigene Bewegung habe, und gleich der Harnblase auf die enthaltene Feuchtigkeit wirke, wird in Ermanglung
anatomischer Beweise noch bezweifelt.

§. 527.

Bey dem Menschen stehen die Augen näher beysammen, als bey allen andern Thieren. Dies verschafft ihm bey seiner aufrechten Stellung den Vortheil in einer sehr weiten Entfernung zu sehen. Der
kleinste Sehewinkel ist eine Minute groß, und die
größte Entfernung in welcher ein Gegenstand gesehen werden kann, beträgt 3436 mal den Durchmesser desselben.

§. 528.

Durch das Gesicht erkennen wir die Gegenwart
äußerer uns umgebender Gegenstände und ihrer Farben, welche durch die verschiedene Reflexion der
Lichtstralen entstehen. Ob der Grundfarben sieben,
oder nur drey sind, ist noch nicht ganz entschieden.

§. 529.

Von der Entfernung urtheilt nur ein geübtes
Auge, dem ungeübten kommt das Gefühl zu Hülfe,
so erkennet auch das Gesicht nur durch die Erfahrung die Flächen und Erhabenheiten; die Größe
nach dem Winkel der äußersten Stralen, der Entfernung, und der Vergleichung mit bekannten Grö-

H 5   sen;

sen; Bewegung und Ruhe nur aus der Unverän-
derlichkeit des Winkels, wo die Lichtstralen herstammen.

§. 530.

Langsichtige Augen haben wenig brechende
Kräfte, eine allzuflache Hornhaut und Crystallen-
linse, und sehen nur unter sehr kleinen Winkeln,
folglich nur in großer Entfernung, weil der Brennpunkt der aus nahen Objecten kommenden Stralen
hinter die Markhaut fällt.

§. 531.

Kurzsichtige Augen sind die, welche eine allzu-
convexe Hornhaut und Linse, folglich zu viel brechende Kräfte besitzen, und den Brennpunkt nur
bey nahen Gegenständen bis auf die Markhaut bringen, welcher bey entfernten hingegen schon in den
Glaskörper fällt.

§. 532.

Wenn die Markhaut zu sehr empfindlich ist, so
sieht man nur bey der Nacht (nyctalopia); ist sie hingegen zu wenig empfindlich, so sieht man nur bey
Tage (hemeralopia).

§. 533.

Warum schmerzt das Auge bey allzustarkem Licht,
besonders wann man aus einem finstern Orte kommt?
die Pupille ist sehr erweitert, und läßt mehr Licht
durch, als die Markhaut ertragen kann. Warum
siehet man gar nichts, wenn man aus einem hellen
Licht ins Dunkle kommt? die Pupille ist verengert,
und kann nicht so viel Licht durchlassen als das Sehen
erfordert.

§. 534.

§. 534.

Das Schielen entsteht durch den häufigen Gebrauch eines Auges vor dem andern. Das Doppeltsehen ist eine Krankheit. Einem kurzen Gesicht kommen die Gegenstände kleiner vor, als einem guten. Ein klares Gesicht erfordert viel Licht, ein deutliches nur wenig.

Drittes Kapitel.

Die innern Sinne.

§. 535.

Durch die in jedem gesunden und geübten Sinn-Organ auf verschiedene Weise modificirte Empfindungen, empfängt die Seele nach und nach einen Vorrath von Begriffen, welche sie in dem Wohnplatz der Sinnen aufbehält, ordnet, vergleicht, auch aus den vorräthigen neue schafft. Dies sind die innern Sinne, die Seelenkräfte, die Vernunft. Hier erblicken wir die noch nicht genau abgemessene Grenzen zwischen der philosophischen und medicinischen Seelenlehre.

§. 536.

Zur Erlangung der Begriffe und Bildung der Vernunft, wird die gesunde Beschaffenheit des Hirns und der Nerven, und die Feinheit der Sinnorganen erfordert. Mitgebohrne Begriffe bringt kein Mensch auf die Welt.

§. 537.

Diese Gabe der Vernunft, oder doch die Fähigkeit, solche zu erlangen, unterscheidet den Menschen von den übrigen Thieren, denen der Instinkt statt

ſtatt der Vernunſt dient, und deren Seelenkräfte
nie ſo weit reichen, daß ſie das vergangene vom ge=
genwärtigen unterſcheiden können.

§. 538.

Die Fähigkeit der Seele, die Begriffe gehörig
aufzubehalten, zu ordnen, ſich dieſelben, als ob die
Gegenſtände gegenwärtig wären, lebhaft wieder vor=
zuſtellen, wird das Gedächtniß genannt.

§. 539.

Dieſe Fähigkeit beſitzen zwar auch offenbar die
Thierſeelen, doch mit dem Unterſchied, daß ihnen
der Begriff der Zeit, folglich auch das Vermögen
fehlt, gegenwärtige Empfindungen von vergangenen
zu unterſcheiden.

§. 540.

Die Wiedererinnerung an empfundene Begriffe
iſt in dem Gedächtniß deſto lebhafter, je aufmerkſa=
mer die Seele dabey war, und je mehr Intereſſe ſie
bey der erſten Perception nahm.

§. 541.

Die Beurtheilungskraft ordnet und vergleicht
die Begriffe und ihre Uebereinſtimmung oder Nicht=
Uebereinſtimmung unter ſich. Sie iſt die an Wahr=
heiten fruchtbarſte und gemeinnützigſte der menſch=
lichen Seelenkräfte.

§. 542.

Die Einbildungskraft ſchafft ſich aus bekann=
ten Bildern neue in der Natur ungeſehene. Der
Sinn des Geſichts ſcheint dieſem Vermögen der
Seele am meiſten behülflich zu ſeyn.

§. 543.

Ein höherer Grad dieſer Seelenkräfte bringt das
Genie hervor, welches durch die Vergleichung ſchon

- bekann=

bekannter, sinnlicher und abstrakter Begriffe zu un-
bekannten gelangt, noch nie gesehene Verhältnisse
entdeckt, und so den Weg zur Erweiterung menschlicher Kenntnisse bahnt.

§. 544.

Wo ist aber der Wohnplatz der Sinnen? Ist
er un sämmtlichen Hirnmark, oder auf einen gewissen Bezirk eingeschränkt? Da das Denken wohl
nichts anders als eine Modification von Empfindung
ist, so sind auch vermuthlich die empfindlichsten Theile
des Hirns, nemlich die sämmtlichen Hirnschenkel
und das daraus entstehende verlängerte Mark (§.
373.) der Wohnplatz der Sinnen oder der Sitz
der Seele.

§. 545.

Daß also für einzelne Seelenkräfte einzelne
Theile des menschlichen Gehirns bestimmt seyn, und
daß das tiefe abstrakte Nachdenken, wo die mehreste
Wirksamkeit des Gedächtnisses nöthig ist, im hintern Kopf und folglich im kleinen Gehirn seinen Sitz
habe, ist eine zwar scharfsinnige aber schwer zu be-
weisende Vermuthung.

§. 546.

Wie geschiehet aber die Perception? muß sie
durchaus in einer Bewegung bestehen? hinterlassen
einmal empfundene Begriffe gewisse Spuren im
Hirne, und läßt sich daher der Verlust des Gedächtnisses im Alter und durch Krankheiten erklären?
Diese Meynung wird durch den Zustand der Seelenkräfte in der zarten Kindheit widerlegt, wo das
Hirn zwar am weichsten ist, folglich leicht dauerhafte
Spuren annehmen würde; doch ist das Gedächtniß
hier noch ganz schwach und leicht zu vertilgen.

§. 547.

§. 547.

Sind es Gehirn-Fibern, welche die Perceptionen aufnehmen? kann man sie in solche eintheilen, die schon mehrmalen oder die noch nie percipirt haben? Besteht das Gedächtniß in der immer ähnlichen Bewegung der erstern, und die Aufnahme neuer Begriffe in der nun zum erstenmal entstehenden Schwingung der letztern?

§. 548.

Oder sind in dem Hirn-Kügelchen, welche in einer beständigen Bewegung begriffen sind; und besteht dann das richtige Denken in der natürlichen Ordnung dieser Bewegung, und der Wahnsinn in der Verwirrung derselben?

§. 549.

Oder ist es nicht vielmehr ganz unmöglich das Denken mechanisch zu erklären, und ist es nicht besser, unsere Unwissenheit hierüber frey zu bekennen, als im Finstern zu tappen?

§. 550.

Daß aber die Menge und Größe der Gehirnmasse, gegen den übrigen Körper; das verschiedene Verhältniß beyder Gehirnmassen unter sich; die verschiedene specifische Schwere des Gehirns; das verschiedene Verhältniß des großen Gehirns zum kleinen, einen großen Antheil an der Verschiedenheit der Seelenkräfte, nicht allein zwischen Menschen und Thieren, sondern auch zwischen erwachsenen und Kindern habe, ist wohl durch genaue Beobachtungen bestätigt.

§. 551.

Blödsinnig ist derjenige, welcher unvermögend ist, die ihm nach Maasgabe seines Alters, Erziehung,

hung, und genoſſenen Unterrichts zukommende Begriffe zu faſſen; noch weniger ſolche gehörig zu ordnen vermag. Daher iſt der Blödſinnige auch unfähig zu urtheilen.

§. 552.

Der Wahnſinn ſetzt eine Verwirrung der innern Sinne voraus, welche bisweilen einen Mangel des Gedächtniſſes, allezeit aber eine falſche Beurtheilungskraft und Unvermögen die Verhältniſſe der Dinge gehörig einzuſehen, hervorbringt. Der höchſte Grad des Wahnſinns iſt Raſerey.

§. 553.

Was der Wohnplatz der Sinne ſelbſt bey dem Wahnſinne leide, iſt ganz unbekannt. Er entſteht aber aus Krankheiten des Hirns; der das Hirn umgebenden Theile; der mit dem Hirn in Conſens ſtehenden Eingeweide; durch ſcharfes Denken; durch heftige Leidenſchaften.

§. 554.

Uebrigens ſcheinen die bisher bekannten Beobachtungen zu lehren, daß der durch allzu große Anſtrengung der Seelenkräfte entſtehende Wahnſinn, mit einer beſondern Weichheit, der mit Raſerey verknüpfte hingegen mit einer beſondern Härte des Hirns verbunden zu ſeyn pflege.

Viertes Kapitel.

Die Leidenſchaften.

§. 555.

So wie jede Empfindung, welche nicht ſehr ſchwach iſt, entweder ſinnliche Luſt, oder Schmerz mit ſich bringt (§. 394.), ſo iſt der Seele jede

Vor:

Vorstellung entweder gleichgültig, wiewohl selten, oder angenehm, oder widrig. Hierinnen haben die Leidenschaften ihren Grund, die vornehmsten vielleicht einzigen Triebfedern unserer Handlungen.

§. 556.

Die Leidenschaften sind in so fern wichtige Erscheinungen für den Arzt, da sie einen offenbaren, wiewohl unerklärbaren Einfluß, sowohl auf Lebens- und natürliche, als auch willkührliche Verrichtungen haben.

§. 557.

Diese körperliche Wirkungen der Leidenschaften können nach Maasgabe ihrer Heftigkeit, und der begleitenden Umstände bald heilsam, bald gefährlich, bald tödlich seyn. Unterwürfigkeit an öftere heftige Gemüthsbewegungen oder langes Anhalten derselben untergräbt die Lebens- und Nervenkraft, und verkürzt das Leben.

§. 558.

Die Angst ist jederzeit mit einer Schwierigkeit des Blutumlaufs in den Lungen vergesellschaftet. Liebe, Hofnung, Heiterkeit des Gemüths sind im Ganzen dem Menschen zuträglich, doch kann unerwartete und heftige Freude plötzlich tödten. Die Schaam wirkt eben so heftig bey dem weiblichen Geschlecht; bey minderm Grad erröthen die Wangen. Schreck und Verdruß tödten ebenfalls schnell, oder bringen in minderm Grade bald gute bald schlimme Wirkung hervor. Traurigkeit und Furcht, sind allen Lebens- und natürlichen Verrichtungen höchst nachtheilig. Der Zorn tödtet plötzlich, beschleunigt den Kreislauf, erregt Krämpfe, und wirkt auf die Galle.

§. 559.

§. 559.

Unter die Wirkungen der Gemüthsbewegungen, gehört auch das Lachen des Vergnügens und das Weinen der Traurigkeit. Beyde sind dem Menschen vor den Thieren eigen, und der besondre Ausdruck der Freude und des Schmerzes.

§. 560.

Diese Wirkungen sind offenbar; aber ihr Zusammenhang mit der Ursache ist ein Geheimniß, doch beweisen sie den Einfluß der Nervenkraft auf alle und jede Verrichtungen des m. K. Sollten auch wohl die Nervenschlingen der Arterien an diesen Wirkungen Antheil haben? Vermuthlich, wiewol sie keiner Zusammenziehung fähig sind, und also wohl nicht mechanisch wirken können.

§. 561.

Jede Leidenschaft wird in den Augen, im Gesichte und durch die Stimme auf eine ihr eigene Art ausgedrückt, welche dann in den Gesichtszügen eine Spur der herrschenden Gemüthsbewegungen hinterläßt. Hierauf gründet sich die Physiognomie. Der Schmerz bey Krankheiten, das innere Leiden, der erschlaffte Zustand der Nervenkraft u. d. gl. prägen ebenfalls den Augen und dem Gesicht solche Eindrücke ein, auf welche die Pathognomik beruht.

§. 562.

Das Band zwischen der Seele und dem Körper ist zwar unbekannt, doch ist es unrecht zu sagen: die Seele baue ihren Körper; sie sey die Urheberin der Lebens = und natürlichen Bewegungen. Die genauesten Beobachtungen der Natur widersprechen dieser Meynung. Die willkührlichen Bewegungen aber stehen unter der Oberherrschaft der Seele.

J   **Fünftes**

Fünftes Kapitel.
Willkührliche Bewegungen.

§. 563.

Die zwote Art der thierischen Verrichtungen ist willkührliche Bewegung (§. 319). Diese ist dem Thiergeschlecht eigen; wiewohl es vielleicht Thierarten giebt, welche, in einem engen Bezirk willkührlicher Bewegungen eingeschränkt, die Stufe des Uebergangs aus einem Naturreiche in das andere ausmachen.

§. 564.

Bewegungen im m. K. sind überhaupt entweder Lebens= oder natürliche, oder willkührliche Bewegungen (§. 55. f.). Jene sind von der Seele ganz unabhängig, und nur heftige Leidenschaften bringen sie in Unordnung. Diese regiert die Seele durch den Willen.

§. 565.

Bewegung, sie sey, welcher Art sie wolle, kann nicht geschehen, ohne eine Fähigkeit des bewegenden Theils sich so zusammenzuziehen, daß seine Fibern sich in einen engern Raum einschränken. Ausdehnbarkeit wird also ebenfalls vorausgesetzt; daher sind nur weiche Theile einiger Bewegung fähig.

§. 566.

Einige wenige Theile im m. K. sind einer leidenden Bewegung fähig, welche durch den Einfluß der Säfte bewirkt wird.

§. 567.

Vorzüglich aber sind die Muskeln die Werkzeuge der Bewegungen jeder Art; und obwohl Lebens=

hens- und natürliche Bewegungen auch durch Mus-
felkräfte bewirkt werden, so gehört doch der größte
Theil des gesammten Muskelsystems zu den willkührlichen Bewegungen.

§. 568.

Zum Behuf dieser willkührlichen Bewegungen
sind die Knochen, als die Grundlage des ganzen
Körpergebäudes durch bewegliche Gelenke mit einander vereinigt, und werden in dieser Vereinigung
durch Bänder festgehalten.

§. 569.

An die Knochen sind die Muskeln befestigt;
große oder kleine Bündel von rothen Fleischfasern
eigener Art, welche durch ein feines Zellengewebe,
der Länge nach mit einander verbunden, mit einer
gemeinschaftlichen Haut überzogen, unter sich und
mit andern benachbarten Theilen durch ein loseres
mit Fett angefülltes Zellengewebe verbunden sind.

§. 570.

Zur Struktur der Muskeln gehören auch Gefäße; Arterien, Venen, lymphatische Gefäße; ohne
deren ununterbrochenen Einfluß sie nicht bestehen
können. Auch gehen Nerven in die Muskeln in
verschiedener Richtung; ihre letzten Zweige legen
ihre Hüllen ab, und verbreiten ihr Mark in die Substanz der Muskeln.

§. 571.

Der mittlere Theil der Muskeln pflegt dicker zu
seyn, als die beyden Extremitäten; und wird daher
der Bauch genannt. An beyden Enden werden die
Muskelfibern zu Sehnen, nemlich Bündel von
weißen, silberfarbigen, unempfindlichen, starken mit
der Substanz der Knochen fest verwachsenen Fibern.

I 2   In

In die Breite vereinigt, bilden sie auch sehnichte Membranen (aponevrosis). Das Verhältniß des sehnenartigen Theils in den Muskeln ist in der Jugend geringer als im Alter.

§. 572.

Die Richtung der Muskelfasern ist in den meisten Muskeln parallel; in vielen convergiren sie in eine Sehne; in andern lauft eine Sehne durch die Länge des Muskels, und giebt ihm die Gestalt einer Schreibfeder; noch andere sind zwey= oder mehr bäuchicht, durch Sehnen unterbrochen.

§. 573.

So gebaut bewirken die Muskeln erstaunliche Bewegungen, welche von dem Bau und der Natur derselben abhängen; beydes aber ist uns nicht genau genug bekannt.

§. 574.

Bey Untersuchung des Baues findet man weder Röhren noch Ketten, noch Bläschen, noch Rhomben, noch sonst etwas gekünsteltes, sondern ohngehöhlte Fäden von unbegreiflicher Dünne; worinnen sie aber von andern Fasern unterschieden sind, ist unausgemacht.

§. 575.

Bey Untersuchung der Natur der Muskeln, finden wir in denselben: 1. die Schnellkraft, welche auch die todte Kraft genannt wird, weil sie auch in dem Leichnam übrig ist, so lange er nicht fault.

§. 576.

2. Die lebendige Kraft, oder Hallerische Reitzbarkeit, welche in den Muskeln vor allen andern Theilen im höchsten Grade obwaltet, und unter

ter denselben giebt es auch verschiedene Stufen;
oben an steht das Herz, der Magen, das Zwerchfell ꝛc.

§. 577.

Auch die Nervenkraft gehört zu den Kräften des
Muskels, und ist mit jener auf eine unbeschreibliche
Art vereinigt; sie ist nicht die Quelle der Reitzbarkeit, aber wie diese immer thätig, von unentbehrli-
chem Einfluß, wann der Wille gehörig auf die Muskeln wirken soll.

§. 578.

Die Stärke der Muskeln steht auch nicht in
Verhältniß mit der Größe ihrer Nerven, und die
Kraft des Herzens ist nicht geringer, sondern größer,
als anderer gleich großer willkührlich wirkender
Muskeln.

§. 579.

Sollte die Reitzbarkeit ein Unding, und die Ursache der Muskelbewegung von einem durch Ner-
venreitz bewirkten Einfluß der Säfte herzuleiten
seyn? oder ist das Phlogiston die Ursache der Mus-
kularbewegung?

§. 580.

Oder kommen Feuertheilchen aus dem Nervensaft, welche den Leim zwischen den Muskelfasern zu
einer Gallert verdicken, und entsteht so die Verkür-
zung des Muskels? Die Natur bestätigt diese
Vermuthungen nicht.

§. 581.

Sondern vielmehr vermittelst des Einflusses jener vereinigten Kräfte (§. 576. 577.), verrichten
die Muskeln ihre Bewegungen, welche über alle
Gesetze der Mechanik erhaben sind, indem ein Theil

ihrer

ihrer angewandten Kraft, zur Ueberwiegung der Hinderniſſe verwendet wird und verloren geht.

§. 582.

Dieſe Hinderniſſe ſind: 1. die allzu nahe Einpflanzung bey dem Ruhepunkt; 2. die ſpitzige Winkel ihrer Einpflanzung; 3. ihre Biegung während der Bewegung; 4. die Länge vieler Muſkeln, und Biegung verſchiedener Gelenke; 5) einiger Muſkeln Winkel mit ihrer Sehne.

§. 583.

Die wirkliche Kraft der Muſkeln iſt daher das Uebergewicht deſſen was verloren gegangen. Dieſes Uebergewicht iſt dennoch unglaublich groß, 1. weil die Muſkeln ſchnell wirken; 2. weil der Bau der Muſkeln etliche tauſend Pfund trägt; 3. weil dieſe Kraft nicht gleich nachläßt, ſondern lange anhält.

§. 584.

Aber der Schöpfer hat auch Mittel zur Erleichterung der Bewegung der Muſkeln verſchaft. 1. Die ſehnichten Scheiden der langen Muſkeln, welche hinwieder durch Muſkeln geſpannt werden. 2. Die Ringe der langen Sehnen und ihre Scheiden, durch welche ſie eingeſchloſſen und ihre Bewegung beſtimmt wird; ſie ſind innerlich befeuchtet. 3. Erhöhete Knochen an den Gelenken. 4. Die Walzen (trochleae). 5. Das umgebende Fett. 6. Die Beyhülfe vieler Muſkeln zu einer Bewegung.

§. 585.

Ein Muſkel verkürzt ſich, wann er wirkt, ſeine geradlinichten Fibern werden ſchlänglicht; er gewinnt in der Breite, was er in der Länge verliert; er wird weder blaß, noch röther, und zieht nach einem unverän

veränderlichen Naturgeſetz jederzeit den beweglichen
Theil gegen dem unbeweglichen.

§. 586.

Die Urſache, welche die Muſkeln in Bewegung
bringt, liegt im Dunkeln. Gewiß iſt es, daß
ſie in den willkührlichen und unwillkührlichen Bewegungen verſchieden ſeyn muß, zwar nicht ihrer
Natur nach, doch aber in den Wirkungen. Daß
jene von den Nerven des Hirns, dieſe vom kleinen
Hirn abhängen, iſt ſchon als falſch erwieſen.

§. 587.

In den Theilen, welche zu unwillkührlichen
Bewegungen dienen, bemerken wir 1. einen ſehr
hohen Grad der Lebenskraft; 2. eine Fähigkeit zu
immerwährenden Bewegungen, welche in andern
Muſkeln nicht iſt; der Grund ihrer Bewegung iſt
daher eine von Anfang des Lebens eingeflößte Kraft.

§. 588.

In den Muſkeln der willkührlichen Bewegungen iſt 1. jene Lebenskraft; 2. jene Fähigkeit minder
ſtark; der Grund ihrer Bewegung iſt der Wille.
Wie wirkt aber der Wille? Wirkt er durch die Nerven? oder unmittelbar auf die vereinigte Kraft?
Beyde Sätze laſſen ſich durch Gründe behaupten.

§. 589.

Allerdings verliert die Seele ihre Herrſchaft
über jeden Muſkel, deſſen Nerven gedrückt, oder
zerſtört ſind; dieſes beweiſet aber mehr nicht, als
daß ohne Einfluß der Nerven die Seele nichts auf
den Muſkel vermag; nicht aber, daß ſeine Kraft
von den Nerven herſtamme.

J 4

§. 590.

Auch weiß zwar die Seele den schmerzenden Ort genau anzugeben, aber ihr ist unbewußt, welche Muskeln zu jeder Bewegung zu gebrauchen sind.

§. 591.

Warum kann die Bewegung verlohren gehen, und die Empfindung übrig bleiben? Weil zur Bewegung die vereinigte Kraft, zur Empfindung aber bloß die Nervenkraft erforderlich ist.

§. 592.

In der Bewegung der Muskeln ist auch ihre Gegenbewegung (antagonismus) zu betrachten. Diese verhält sich anders in den Muskeln, welche unwillkührliche Bewegungen verrichten, als in dem Bau der willkührlichen.

§. 593.

In jenen ist eine unaufhörliche Gegenbewegung, so daß ein Gegner immer wider den andern wirkt. Z. E. die Herzohren und Kammern; der Magen und sein verschließender Muskel; die Gedärme und die Klappe des Grimmdarms u. d. gl.

§. 594.

In dem Bau der willkührlichen Muskeln besteht die Gegenbewegung bloß in einem gewissen Gleichgewicht, durch welches ein Glied in Ruhe erhalten wird.

§. 595.

Das Zwerchfell ist der Mittelpunkt der gesammten willkührlichen Muskelkräfte.

§. 596.

Es ist zwischen den willkührlichen und unwillkührlichen Bewegungen eine Gemeinschaft, welche

sich

ſich bey widernatürlichen Bewegungen an den Tag
legt.

§. 597.

Dieſe Gemeinſchaft zeigt ſich auch in den Muskeln, welche eben ſowohl unwillkührlich als willkührlich ſind, z. E. das Zwerchfell.

§. 598.

Die dem Thiere eigene Bewegungen geſchehen
allein vermittelſt des Syſtems der willkührlichen
Muskeln. Das ſtehen, gehen, ſitzen, liegen,
aufſtehen, laufen, tanzen erfordert jederzeit die
Wirkung eigner dazu beſtimmten mit einander har-
monirenden Muskeln.

§. 599.

Den Menſchen unterſcheidet der aufrechte Gang
von den Thieren. Der ganze Bau ſeines Körpers
iſt zu dieſer Abſicht eingerichtet.

§. 600.

Die Uebung ſtärkt die Muskelkräfte, und kann
den Menſchen zum ſtärkſten, behendeſten und mu-
thigſten aller Thiere umſchaffen. Auch macht die
Uebung Bewegungen möglich, zu welchen ſonſten
die Gelenke nicht eingerichtet zu ſeyn ſcheinen.

§. 601.

Die Muskeln des Geſichts drücken durch ihre
verſchiedene Wirkungen die Leidenſchaften aus.
(§. 561.)

§. 602.

Noch befördern die willkührlichen Bewegungen,
den Blutumlauf in den Venen-Syſtemen; die Verdauung; alle Ausführungen; ſie iſt zur Geſundheit
unumgänglich.

J 5   Sechſtes

Sechstes Kapitel.

Das Wachen und der Schlaf.

§. 603.

Die thierischen Verrichtungen sind dem unerklärbaren, aber über das ganze Thiergeschlecht herrschenden Gesetz unterworfen, daß sie nicht ununterbrochen fort dauern können, sondern wechselsweise ruhen und nach der Ruhe wieder fortwirken müssen; jenes ist der Schlaf, dieses ist Wachen.

§. 604.

Im Schlafe also sind wir uns unser selbst unbewußt; die Sinnorganen unthätig; die willkührlichen Bewegungen im Stillstand; Lebens- und natürliche Verrichtungen aber gehen ununterbrochen fort; doch schlägt der Puls langsamer.

§. 605.

Der natürliche erquickende Schlaf erfolgt auf die Ermüdung nach starker Anstrengung der Muskelkräfte; ein widernatürlicher Schlaf hingegen, wird durch übermäßigen Genuß starker Getränke, durch Opium u. a. m. erregt.

§. 606.

Dem Schlaf sind hinderlich 1. allzustarke Anstrengung der Geisteskräfte, 2. alles, was den Blutumlauf verstärkt. 3. Leidenschaften.

§. 607.

Ohne den Schlaf kann die Gesundheit ohnmöglich bestehen. Schlaflosigkeit führet zur Raserey; allzulanger Schlaf aber auch zum Blödsinn.

§. 608.

§. 608.

Die beste Zeit dem Schlaf abzuwarten, ist die Nacht; das Licht ist dem Schlaf zuwider, daher wir im Schlafe die Augen zuschließen.

§. 609.

Träume sind Bilder der Phantasie und Gefährten eines unruhigen Schlafes; sie stehen mehrentheils in Verhältniß mit den Lieblingsgegenständen der Seele im wachen, oder mit körperlichen Gebrechen.

§. 610.

Ein Drittheil des Tages ist im Ganzen hinlänglich zum Schlaf; doch herrscht hierinnen am meisten die Macht der Gewohnheit.

§. 611.

Wir erwachen entweder von selbst nach hinlänglicher Erquickung, oder durch die Wirkung irgend einer ungewöhnlichen Empfindung mit Gähnen und Gliederausstrecken; jedoch bald hinlänglich ermuntert, um unsre Arbeiten vorzunehmen.

Vierter Abschnit.
Natürliche Verrichtungen.

Erstes Kapitel.
Die Nahrungsmittel und das Kauen.

§. 612.

Der Milchsaft, woraus das Blut seinen Ursprung nimmt, entsteht aus den Nahrungsmitteln, durch die Verdauung.

§. 613.

§. 613.

Dem Bau seiner Verdauungsorganen zufolge, ist der Mensch berechtigt seine Nahrungsmittel so wohl aus dem Thierreiche, als aus dem Pflanzenreiche zu nehmen. Die verschiedenen Zubereitungen derselben zwecken ursprünglich zur bessern Verdauung ab.

§. 614.

Die Nahrungsmittel sind entweder feste oder flüßige Körper; jene werden Speise genannt, diese der Trank.

§. 615.

Zum Genuß der Speisen treibt der Hunger an; zum Trank der Durst. Diese Empfindungen sind Triebe, welche der Schöpfer in die Natur gelegt hat, und die nicht mechanisch erklärt werden können.

§. 616.

Speise und Trank ersetzen nicht allein die Säfte, sondern erhalten sie auch gutartig; durch anhaltenden Hunger und Durst faulen erstlich die flüßigen, hernach auch die festen Theile.

§. 617.

Damit die Nahrungsmittel unsere Säfte ersetzen können, so müssen sie in ihre kleinsten Theilchen zerlegt werden, ihre Natur ablegen, in die unsrige verwandelt, und dann erst zu Geblüt gemacht werden.

§. 618.

Zu dieser großen Veränderung geschiehet der Anfang in dem Mund durch das Kauen und die Zumischung des Speichels und der Luft.

§. 619.

§. 619.

Der Mund ist derjenige Raum, welchen der obere und untere Kiefer zwischen sich zurück lassen; in demselben liegt die Zunge von hinten an ihrer Wurzel befestigt, von vorne beweglich, und mit vielen Muskeln versehen, durch welche sie nach allen Richtungen bewegt werden kann.

§. 620.

Der Mund ist mit den Lippen und Backen umgeben, welche durch ihre Muskeln zusammengezogen, und geöffnet werden können.

§. 621.

Beyder Kiefer halbrunde Ränder sind vorne mit vier Schneidezähnen, auf deren Seite mit zween Spitzzähnen und fünf Backenzähnen versehen; dies sind harte Knochen, welche auf beyden Seiten auf einander passen; die vier obere Schneidezähne ragen über die vier untern hervor.

§. 622.

Der obere Kiefer ist unbeweglich, der untere ist allein beweglich; er wird herunterwärts gezogen und wieder mit Gewalt hinaufgezogen, er wird auch auf die Seite gezogen.

§. 623.

Dieser Bewegung ist er fähig wegen seinem freyen Gelenke mit dem Schlafbein; herunterwärts ziehen ihn die Muskeln, welche von dem Kinn in das Halsbein (os hyoides) gehen; hinaufwärts der Schlafmuskel und Masseter; auf die Seite die Flügelmuskeln (pterygoidei).

§. 624.

Wenn die Speise an den Mund gebracht wird, so wird der untere Kiefer herabgezogen, zugleich durch

durch das aus einander ziehen der Lippen der Mund geöffnet, so kommen die Speisen in den Mund zwischen die Zähne.

§. 625.

Hierauf wird der untere Kiefer zu wiederholten malen auf und nieder bewegt, damit die Speisen zwischen den Zähnen zerschnitten, zertheilt und zermalmt werden.

§. 626.

Dasjenige, was in den Raum zwischen den Zähnen und die Backen fällt, wird durch das Zusammenziehen der Backenmuskeln wieder darunter gebracht.

§. 627.

Ein gleiches thut die Zunge, ein aus vielen Muskeln zusammengesetztes und vermöge derselben sehr bewegliches fleischiges Organ, welches mit seiner Spitze die unzermalmten Speisen aufsucht, und unter die Zähne bringt.

§. 628.

Während dem Kauen und damit es erleichtert werde, fließt der Speichel hinzu, ein wässeriger, schäumender, seifenartiger Saft.

§. 629.

Die Quelle, aus welcher der Speichel fließt, ist dreyfach; 1. die ausdünstenden kleinen Arterien, welche eine dünne Feuchtigkeit dahin führen.

§. 630.

Es sind auch kleine einsaugende Venen da, welche das feinste der genommenen Speisen aufnehmen; daher kommt die plötzliche Erquickung.

§. 631.

§. 631.

2. Die kleinen Schleimdrüsen. Der Schleim, welcher aus denselben kommt, vermischt sich auch mit dem Speichel, dient aber hauptsächlich den Mund und den Rachen schlüpfrig zu machen.

§. 632.

3. Die Speicheldrüsen. 1) Die Ohrspeicheldrüse (Parotis), deren Gang (Stenonianus) den Backenmuskel durchbohrt. 2) Die Unterkinnbackendrüse (Submaxillaris) deren Gang (Warthonianus) neben dem Zungenband herauskommt. 3) Die Unterzungendrüsen (Sublinguales), die sich mit vielen Gängen unter der Zunge öffnen.

§. 633.

Der Speichel fließt, vermöge der Kräfte des Umlaufs, beständig in den Mund, zur Zeit des Kauens aber häufiger.

§. 634.

Die Ursachen hievon sind 1. die Reißbarkeit der Gänge, welche eine starke Kraft besitzen, den Speichel auszuspritzen. 2. Der Druck der benachbarten Theile auf die Drüsen und ihre Gänge.

§. 635.

Durch das Kauen werden die Speisen zur Verdauung geschickter gemacht; es ist der erste Schritt zur Verwandlung der Speisen in die thierische Natur.

§. 636.

Durch den Speichel werden sie verdünnert, leichter zerkaut, vermöge seiner seifenhaften Eigenschaft aufgelößt, unserer Natur ähnlicher gemacht, zum Verschlucken und zur Verdauung zubereitet; der

der Speichel ist auch nützlich in dem Magen zur Vermehrung des Magensaftes (Succus gastricus).

§. 637.

Es vermischt sich auch während dem Kauen sehr viele Luft mit den Speisen.

Zweytes Kapitel.
Von dem Verschlucken.

§. 638.

Ein zerkauter oder anderer weicher Bissen oder der Trank, müssen aus dem Mund in den Magen gebracht werden.

§. 639.

Um dahin zu kommen, muß er aus dem Mund erstlich in den Rachen, hierauf in den Schlundkopf (Pharynx), darnach in den Schlund, und dann durch die obere Oeffnung des Magens in seine Höhle kommen.

§. 640.

Damit solches desto leichter geschehe, hat die Natur diese Wege mit einer Menge von Schleim versehen, damit der Bissen überzogen, und die Theile, durch welche er geht, schlüpfrig gemacht werden.

§. 641.

Die Quellen dieses Schleims sind die Schleimdrüsen der Zunge, die Mandeln (Tonsillae) des Gaumens, die Drüsen des Luftröhrenkopfs (Larynx) und Schlundes; sie liegen zwischen der Haut und Oberhaut, welche alle diese Theile überzieht.

§. 642.

§. 642.

Die Werkzeuge des Verschluckens sind 1. die Zunge; diese wird an den harten Theil des Gaumens angedruckt, wodurch der Bissen eine runde Gestalt erlangt, und nach hinten befördert wird. Dieses bewirken die Griffelzungenmuskeln (stylo-glossi) und zwar so, daß erstlich die Spitze der Zunge und hierauf der übrige Theil bis an die Wurzel zur Wirkung gebracht wird.

§. 643.

2. Die aufhebenden Muskeln des Luftröhrenkopfes (laryngis), welche von dem Kinne, von der Zunge und dem Griffel entstehen. Diese ziehen denselben ober- und vorwärts, damit der von oben damit verbundene Kehldeckel der Zunge näher komme und desto leichter zurückgebogen werde. Dadurch wird der Eingang in den Luftröhrenkopf verschlossen, so daß Speise und Trank über dieselbe als über eine Brücke in den Schlundkopf kommen.

§. 644.

3. Die aufhebenden Muskeln des Schlundkopfes, welche vor dem Griffel und dem Rachen entstehen, und zugleich mit den vorigen wirken; dadurch wird er in die Höhe gezogen und erweitert, wodurch dem Bissen der Eintritt erleichtert wird.

§. 645.

4. Der bewegliche Gaumen, welcher aus vielen Muskeln zusammengesetzt ist. a) Der aufhebende Muskel, welcher von dem Keilbein (os sphenoideum) entsteht, und den Gaumen nach hinten in die Höhe zieht; hiedurch werden die hintern Oeffnungen der Nase bedeckt, und der Bissen liegt zwischen demselben und der Oeffnung des Schlundkopfes.

K §. 646.

§. 646.

b) Die niederdruckenden Muskeln des beweglichen Gaumens, welche eben daselbst entstehen und sich in den Schlundkopf endigen; durch dieser Wirkung wird der Bissen oder Trank in den
Schlundkopf hinein getrieben; bis hieher gehört das
Verschlucken zu den willkührlichen Verrichtungen,
im folgenden aber zu den natürlichen.

§. 647.

5. Die zusammenziehenden Muskeln des
Schlundkopfes. Deren sind drey; der obere,
mittlere und untere, welche einer nach dem andern
wirken, und den Bissen in den Schlund bringen.

§. 648.

6. Die muskulösen Häute des Schlundes.
1. Die länglichte, und 2. die ringförmige; jene
verkürzt und erweitert den Schlund, diese verengert
ihn und treibt die Speisen durch den obern Magenmund in den Magen.

Drittes Kapitel.
Die Verrichtungen des Magens.

§. 649.

Sobald der Schlund durch ein in dem fleischigen
Theil des Zwerchfells befindliches Loch aus
der Brust in den Unterleib gekommen, so breitet er
sich in den Magen aus, und seine Häute sind mit
den Häuten des Magens eins.

§. 650.

Der Magen ist ein großes flaschenförmiges
Behältniß, welches in der Oberbauchgegend gleichsam

sam überzwerch liegt; zur linken an der Milz liegt der sackförmige Theil, von da wird der Magen breiter, und an seinem breitesten Theil senkt sich der Schlund hinein (cardia), wird von da wieder enger bis an die untere Oeffnung (pylorus), welche durch einen verschließenden Muskel (valvula pylori) geschlossen wird.

§. 651.

Die untere erhöhete Rundung wird die größere Krümmung (curvat. mai.) die obere ausgehöhlte Rundung die kleinere Krümmung (curvat. min.) genannt.

§. 652.

Der Magen besteht aus vier auf einander liegenden und durch ein Zellengewebe vereinigten Häuten. 1. Die gemeine von dem Bauchfell, an welcher oben und unten das Netz (omentum) anhängt.

§. 653.

2. Eine muskulöse, welche aus vielen nicht zu beschreibenden Lagen besteht, wodurch der Magen in allen Richtungen verkleinert und verengert werden kann. Besonders sind merkwürdig 1. die längslichte, 2. die ringförmige, 3. die verschließenden Fasern der obern Oeffnung (Sphincter cardiae), 4. die Bänder des untern Magenmundes (ligamenta pylori).

§. 654.

3. Die Nervenhaut, eine Fortsetzung der äußern Haut. 4. Die zottichte, so von der Oberhaut herstammt; sie machen in dem leeren Magen viele Falten; zwischen beyden liegen schleimichte Drüsen, deren Gänge die zottichte Haut durchbohren.

K 2 §. 655.

§. 655.

Der Magen hat viele Arterien und Venen; jene entstehen alle von der Bauchpulsader (coeliaca); diese sind Aeste der Pfortader; sie vertheilen sich, indem sie die Häute schief durchkriechen, in die kleinsten Aestchen, welche sich durch die zottichte Haut in die Höhle des Magens öffnen; die Arterien sondern einen Saft ab, und schütten ihn in den Magen (Succus gastricus); er ist seifenhaft, dem Speichel ähnlich, und den neuesten Beobachtungen zufolge antiseptisch. Die Venen saugen das flüßigste und feinste von den Speisen und dem Tranke ein.

§. 656.

Der Magen hat sehr viele Nerven von dem achten Paar und sympathetischen, daher ist er sehr empfindlich.

§. 657.

Er besitzt auch in einem hohen Grad die Lebenskraft, und ist nach dem Herzen der reizbarste Theil des Körpers.

§. 658.

Er unterhält, vermittelst dieser Kräfte, eine besonders genaue Gemeinschaft mit allen Theilen des Körpers, besonders mit den vornehmsten Eingeweiden, dem Hirn, den Lungen, der Mutter u. s. f.

§. 659.

Auch ist der Magen vermöge dieser Kräfte geschickt, viele, sonst dem Körper schädliche Dinge, z. B. das Viperngift, dessen unmittelbarer Zutritt ins Blut tödlich ist, zu bezwingen und unschädlich zu machen.

§. 660.

§. 660.

Der Magen hat, in Ansehung der empfangenen Nahrungsmittel, eine vierfache Verrichtung: 1. sie aufzunehmen; 2. einige Zeit aufzubehalten; 3. zu verändern; 4. zu seiner Zeit durch den untern Magenmund (pylorus) fortzuschaffen. Bey der ersten Verrichtung verhält sich der Magen nur leidentlich (passive), und diese ist aus dem vorigen Kapitel zu verstehen.

§. 661.

Die zwote Verrichtung ist, sie einige Zeit bey sich zu behalten; d. i. zu verhindern, daß sie nicht entweder gleich wieder 1. zu der obern Oeffnung heraus, 2. oder durch die untere alsobald fortgehen.

§. 662.

Das erstere wird bewirkt: 1. einigermaßen durch die Zusammenziehung des Zwerchfells, besonders in dem Einathmen; 2. durch die lebendige Kraft und Enge des Schlundes, und den daraus herrührenden Widerstand; 3. durch die verschließenden Fasern des obern Magenmundes; 4. durch die veränderte Lage des Magens; welche darinnen besteht, daß er an statt senkelrecht zu stehen, horizontal wird, und dadurch eine Falte in dem obern Magenmund, gleich einer Klappe, entsteht.

§. 663.

Daß die Nahrungsmittel nicht alsobald durch den untern Magenmund weggehen, verhindert der Widerstand des verschließenden Muskels; denn zwischen dem Magen und demselben ist eine Gegenbewegung (antagonismus).

K 3 §. 664.

§. 664.

Die dritte Verrichtung ist die Veränderung der genommenen Nahrungsmittel, oder die Verdauung. Diese Veränderung, durch welche die Speisemasse im Magen wieder um einen Grad näher zur thierischen Natur rückt, ist nicht Gährung, nicht anfangende Fäulung, sondern eine innigere Auflösung derselben.

§. 665.

Sie wird bewirkt 1. durch den mit verschluckten Speichel; 2. aber, und hauptsächlich durch die Vermischung des Magenschleims und Magensaftes, welcher als ein flüßiger Körper die Speisen verdünnt, erweicht, und zur Auflösung geschickter macht; als ein seifenhafter Körper die verschiedenen Grundtheile der Speisen in eine ähnliche Masse vereinigt; als eine thierische Feuchtigkeit dieser Masse unsere Natur mittheilt; und als ein antiseptischer Saft die Fäulniß abwendet, in welche sonst die Speisen ihrer Natur gemäß übergehen würden.

§. 666.

Auch wird diese Veränderung befördert durch die wurmförmige Bewegung des Magens, welche von dem obern Magenmund her anfängt und nach dem untern hin bestimmt wird; die entgegen gesetzte Bewegung bewirkt das Brechen.

§. 667.

Diese Bewegung wird bewirkt, 1. und hauptsächlich, durch die angeborne Kraft des Magens, welche vornemlich in ihrer muskulösen Haut obwaltet. 2. Dient als eine Beyhülfe die beständige Gegenbewegung des Zwerchfells und der Bauchmuskeln.

§. 668.

§. 668.

Durch diese Bewegung werden die Speisen ge=
lind bewegt, mehr aufgelößt, vermischt, gegen der
untern Oeffnung hingetrieben, durch die Verdauung
befördert, und ein graulichter Brey aus den Spei=
sen zubereitet (chymus).

§. 669.

Mischen sich auch Lebensgeister mit dem Ma=
gensaft? Die Gönner jener Theorie sind hierüber
nicht einig. Kömmt auch Galle in den Magen?
Vermuthlich bisweilen, aber nicht beständig.

§. 670.

Die vierte Verrichtung des Magens ist, die
verdauten Speisen durch den untern Magenmund in
den Zwölffingerdarm (duodenum) zu treiben. Hie=
zu wird der verminderte Widerstand des verschlies=
senden Muskels erfordert.

§. 671.

Dieser Widerstand wird überwunden durch die
immerfortwährende Bewegung des Magens, und
durch die stärkere Zusammenziehung der Bänder des
untern Magenmundes.

§. 672.

Das Austreiben wird befördert durch die Hori=
zontal=lage des Magens, die niedrigere Richtung des
untern Magenmundes, die Flüßigkeit der auszutrei=
benden Materie.

§. 673.

Je flüßiger die Speisen sind, desto geschwinder
geschehen die erwähnten Verrichtungen; der Trank
verweilt sehr kurz in dem Magen. Die letztere Ver=
richtung wird auch noch durch die Beyhülse der Ge=
genbewegung (§. 663.) befördert.

K 4 　　　　　Viertes

Viertes Kapitel.
Die Verrichtung des Zwölffingerdarms.

§. 674.

Durch jene Ausleerung werden die Nahrungs⸗
mittel in den Zwölffingerdarm (duodenum)
getrieben, welcher von dem Magen herunter steigt,
einen Bogen macht, sich von der Leber her bis an
die Milz erstreckt, und zwischen den Blättern des
queeren Gekröses (mesocolon transversale) ver⸗
borgen liegt; dem Bau nach ist er beschaffen wie
die übrigen dünnen Gedärme (S. 6tes Kap.).

§. 675.

In diesem Darm werden die Nahrungsmittel
noch weiter zubereitet, und daraus eine weiße flüßige
Masse gemacht, welche mit dem Namen Milchsaft
(chylus) belegt wird.

§. 676.

Diese dritte Zubereitung wird bewirkt durch das
Zugießen der Galle, des pancreatischen Saftes, des
Gedärmesaftes und des Schleims.

§. 677.

Die Galle ist ein braungelber, bitterer, seifen⸗
artiger Saft; dessen Bestandtheile von den Chymi⸗
sten bis jetzo noch nicht auf eine befriedigende Weise
außer Zweifel gesetzt worden. Nur so viel scheint
gewiß zu seyn, daß die Galle ihre Farbe von dem
Brennbaren hat, welches hier noch mehr concentrirt
zu seyn scheint, als im Blute; daß sie eine Seife,
und unter allen Säften das meiste der thierischen
Beschaffenheit an sich hat.

§. 678.

§. 678.

Sollte aber darum die Galle nur unter die Aus=
führungssäfte gehören, weil ihre Mischung so ver=
schieden befunden wird, und weil sie, wie der Harn,
die Erzeugung steinartiger Massen begünstigt? Ist
nicht diese Folgerung übereilt, und wäre wohl zur
Absonderung der Galle ein so besonderes Gefäße=
System nöthig gewesen, wann die Natur nicht ed=
lere Absichten gehabt hätte?

§. 679.

Die Quelle der Galle ist 1. die Leber; dasjenige
Eingeweide, welches auf der rechten Seite in der
Wölbung des Zwerchfells liegt, und zum Theil den
Magen bedeckt: es ist durch Bänder befestigt, be=
steht aus verschiedenen Lappen, ist auf der äußern
Seite erhaben, auf der innern hat es viele Erhaben=
heiten und Vertiefungen.

§. 680.

2. Die Gallenblase; welche auf der innern
Seite der Leber liegt, und an dem untern Rand der=
selben hervorragt; sie ist länglicht und birnenförmig,
und besitzt eine äußere, muskulöse, nervichte und
innere Haut, welche flockicht ist.

§. 681.

Der Substanz nach ist die Leber ein dichtes Ein=
geweide, von besonderm Wesen, in welchem viele
zuführende Gefäße, abführende Gefäße und wenige
Nerven sich verbreiten, die größtentheils durch die
Pforte (porta) in die Leber gehen. Die Leber gehört
daher unter die zusammengesetzten Drüsen (gl. conglomeratae), welche ihren abgesonderten Saft durch
einen Ausführungsgang an den bestimmten Ort brin=
gen (§. 303.). Sie besitzt wenig Empfindlichkeit.

K 5

§. 682.

§. 682.

Die Leber sondert die Galle ab, vermöge der zuführenden Gefäße; deren sind zwey: die Pfortader und die Leberarterie.

§. 683.

Die Pfortader (§. 262.) ist in ihrem Ursprung eine Vene, deren Aeste aus den dicken und dünnen Gedärmen, aus dem Gekröse, aus dem Netz, aus dem Magen, aus dem Milz herstammen, und endlich bey der Pforte in einen Stamm zusammenfließen.

§. 684.

Dieser Stamm wird, indem er in die Leber eingeht, wieder zu einer Arterie, und vertheilet sich in unzählige Aeste, so in die Substanz der Leber eindringen, die Galle, vermöge der Gesetze der Absonderung (S. 2ter Abschnitt 8tes Kap.), zubereiten, und den anfangenden Aesten des Gallenganges übergeben.

§. 685.

Die Arterie gehet auch bey der Pforte in die Leber hinein, vertheilt sich durchgehends mit der Pfortader in eben so viele Aeste, welche durch das zellichte Gewebe mit jenen verbunden sind, und deren letztere ebenfalls mit den anfangenden Aesten des Gallenganges münden. Die zurückführenden Gefäße sind der Gallengang und die Blutvenen, welche sich in die Hohlader endigen.

§. 686.

Der Gallengang entspringt in der Substanz der Leber, gleich einer Vene, durch viele Aeste, welche aus der Pfortader und Leberarterie die zubereitete Galle aufnehmen, die Aeste der zuführenden Gefäße beglei begleiten, endlich einen Stamm ausmachen, welcher bey der Pforte heraus kommt.

§. 687.

Die Glissonische Capsul, ein festes Zellenge-webe, welches alle durch die Pforte sowohl einge-hende als ausgehende Gefäße und Kanäle unter sich verbindet, hat keine Muskelfasern, und vermuth-lich keine eigene Fähigkeit zur Zusammenziehung, wo-durch der Umlauf der Säfte in der Leber beschleunigt werden könnte.

§. 688.

Die Blutvenen führen das von der Absonde-rung übrige Blut nach der Hohlader, und nehmen ihre Richtung nach dem Durchgang derselben durch die Leber.

§. 689.

Die kleinsten Aeste dieser vier Arten von Gefäß-sen bilden in dem Innern der Leber verwickelte Knoten (acini), welche, wie das Einspritzen lehrt, nicht hohl sind.

§. 690.

Der Gallengang bringt die Galle, vermöge der Kräfte des Kreislaufes und seiner eigenen Kraft, in den Zwölffingerdarm, durch eine eigene Oeffnung (§. 695.)

§. 691.

Die Lebergalle kann, weil sie allzu häufig ist, nicht alle durch diese Oeffnung eintreten, darum sie zurücke fließt, und in den Gang der Gallenblase auf-genommen wird, welcher mit dem Lebergang sich in einen spitzigen Winkel vereinigt, und hierauf den gemeinschaftlichen Gang ausmacht, der sich in den Darm öffnet (§. 510.). Es ist in der Gallenblase keine

keine andere Galle enthalten, als diese; sie empfängt keine aus der Leber unmittelbar, und sondert vermuthlich auch keine ab.

§. 692.

In der Gallenblase wird die Galle schärfer, bitterer, dichter, vermöge des Ausdünstens und des Einsaugens; sie wird darinnen aufbehalten, damit sie zur Zeit der Dauung häufiger zufliesse.

§. 693.

Dieses geschiehet 1. durch die eigene Kraft der Blase; 2. durch den Druck der benachbarten Theile. Die Falten des Ganges mäßigen den Ausfluß und Einfluß.

§. 694.

Die Quelle des pancreatischen Saftes ist die pancreatische Drüse: eine Speichel= oder zusammengesetzte Drüse, welche langs hinter dem Magen liegt; sie hat einen ausführenden Gang, welcher sich mit dem gemeinschaftlichen Gallengang durch eine Oeffnung in den Zwölffingerdarm ergießt.

§. 695.

Diese Oeffnung ist in der Beugung des Darms nicht weit von dem zuschließenden Muskel des Magens; die zusammenfließenden Gänge durchkriechen schief die Häute des Darms: die innere Oeffnung ist eine Spalte, rings herum schwulstig: hiedurch wird der Einfluß erleichtert, und das Zurücktreten verhindert.

§. 696.

Der pancreatische Saft fließt auch zur Zeit der Verdauung häufiger in den Zwölffingerdarm; er kommt durchaus mit dem Speichel überein.

§. 697.

§. 697.

Diesem ist auch der Gedärmesaft ähnlich; er fließt aus den kleinsten absondernden Arterien, und wird nebst dem Feinsten der Nahrungsmittel zum Theil wieder von den Venen eingesaugt.

§. 698.

Der Schleim kommt aus den Peyerischen Schleimdrüsen.

§. 699.

Diese Säfte werden durch die Bewegung des Zwölffingerdarms mit den Speisen vermischt; die Speisen selbst werden wegen der tiefen Lage des Darms einige Zeit in demselben aufgehalten. Der Nutzen dieser Säfte ist, daß die Speisen noch mehr aufgelöst, verdünnt, durchdrungen und in die thierische Natur verwandelt werden.

§. 700.

Die Galle dient auch als ein Reitz zur Bewegung der Därme, der pancreatische Saft mindert ihre Schärfe.

§. 701.

Durch diese Veränderung ist die Speisemasse zum Milchsaft (chylus) geworden; einer weißen, aus wässerigen und öhlichten Theilen bestehenden Feuchtigkeit, welche in den Wegen des Blutumlaufs durch den Zusatz mehrerer Erde und brennbaren Wesens erst zu wahrer Milch (lac), und nachher durch noch mehr organische Veränderungen zu Blut wird.

§. 702.

Nach dieser Veränderung wird die Masse der Speisen, durch die Bewegung des Zwölffingerdarms, in die übrige dünne Därme getrieben.

Fünftes

Fünftes Kapitel.
Die Beschaffenheit des Bluts in der Pfortader.

§. 703.

Das Blut, welches zur Absonderung der Galle dient, ist nach den Gesetzen der Absonderung, von besonderer Beschaffenheit (§. 309 — 311), welche von den Eingeweiden herrührt, aus welchen es in die Pfortader zusammen fließt.

§. 704.

In demselben Blut ist sehr vieles Wasser, welches aus dem Magen und den dünnen Därmen, vielleicht auch aus den lymphatischen Drüsen, durch die anfangenden Wurzeln der Pfortader eingesogen wird.

§. 705.

Zu dieser Zubereitung hilft auch das Netz, eine Fortsetzung des Bauchfells, welche an der kleinen und großen Krümmung des Magens und an dem Grimmdarm befestigt ist, und sich bald mehr, bald weniger, weit über die Gedärme erstreckt.

§. 706.

In den Zellen des Netzes sitzt sehr vieles Fett, welches flüßig ist und aus den darinnen vertheilten Arterien quillt.

§. 707.

Dieses Fett wird durch die einsaugenden Venen aufgenommen und zu dem Geblüt der Pfortader gebracht.

§. 708.

Ein anderer Nutzen des Netzes ist, die Gedärme auswärts schlüpfrig zu machen, damit sie weder unter

unter sich noch mit dem Bauchfell verwachsen, und
vor der Kälte zu verwahren.

§. 709.

Es wird auch von den Venen Fett aus dem Gekröse in die Pfortader gebracht; das Gekröse ist
diejenige dreyfache Verdopplung des Bauchfells,
an welchem die dünnen Gedärme, der Grimmdarm
und der Mastdarm befestigt sind.

§. 710.

Das Milz liegt zur linken des Magens in der
Wölbung des Zwerchfells, an welches dasselbe mit
Bändern von dem Bauchfell befestigt, und mit dem
Magen durch die kurzen Gefäße verbunden ist.

§. 711.

Das Milz ist ein Eingeweide von veränderlicher
Größe, schwammicht, aus einer doppelten Haut,
einer eigenen Substanz und vielen Gefäßen bestehend, welche unzählig viele pinselförmige Mündungen mit einander anstellen.

§. 712.

Das Milz empfängt eine Arterie von der großen
Bauchpulsader (coeliaca); das Blut fließt langsam
durch dieses Eingeweide, besonders zur Zeit, da es
aufschwillt, und geht durch die Milzvene zur Pfortader. Uebrigens hat das Milz wenig Nerven,
und ist beynahe unempfindlich.

§. 713.

Das Blut der Milzvene ist, der durchgängig an-
genommenen Meynung nach, flüssiger und weniger
zum Geliefern geneigt, als das Blut des übrigen
Körpers. Worinnen aber eigentlich der Nutzen
bestehe,

bestehe, den das Milz der Absonderung der Gall
leistet, ist noch nicht gewiß. Daß das Blut nich
in das Zellengewebe des Milzes ergossen wird, i
durch neuere Versuche bestätigt. Vermuthlich wir
durch den Druck des Magens während der Verdau
ung der Blutumlauf in den Milz beschleunigt, un
das Blut häufiger zur Pfortader gebracht.

§. 714.

Daß das Geschäfte des Milzes eigentlich in de
Verfertigung der rothen Blutkügelchen bestehen soll
ist eine Meynung, deren Unzuläßigkeit schon ander
wärts erwiesen worden. (§. 281.)

§. 715.

Ob aus den dicken Därmen auch besondere Be
standtheilchen in dieses Blut übergehen, muß eben
falls durch mehrere Versuche bestimmt werden.

§. 716.

Das Blut fließt in dem ganzen Bau der Pfort
aber sehr langsam, wegen dem Mangel der Klappen
daher hier sehr leicht Stockungen entstehen.

§. 717.

Die Kräfte, wodurch das Blut in der Pfort
aber fortgetrieben wird, sind: 1. ihre eigene abe
schwache Kraft; 2. die Kraft der Arterien; 3. di
Gegenbewegung des Zwerchfells und der Bauch
muskeln.

§. 718.

Die anfangenden Venen der Pfortader sauge
auch aus den Gedärmen einen Theil des Milchsaft
ein; besonders wann die Milchadern undurchgängig
geworden.

Sechstes

Sechstes Kapitl.

Verrichtung der dünnen Därme und der Milchadern.

§. 719

Der Zwölffingerdarm endigt sich in die übrigen dünnen Därme, einen sehr langen Kanal, von gleicher Weite, welcher an den Krümmungen des Gekröses befestigt und von den dicken Därmen umfaßt wird.

§. 720.

Dieser Kanal wird eingetheilt: in den Leerdarm (jejunum) und gewundenen Darm (ileum); jener hat mehr Gefäße, Falten und Flocken, dieser mehrere Schleimdrüsen; die Gränzen aber zwischen beyden sind unbestimmt.

§. 721.

Die dünnen Därme haben vier Häute: 1. eine äußere von dem Gekröse; 2. eine muskulöse aus ringartigen und langen Fasern bestehend; 3. eine nervichte; 4. eine wahre flockichte (villosa); diese sind durch ein sadichtes Gewebe verbunden.

§. 722.

Die nervichte und besonders die flockichte Haut, bilden inwendig Falten (valvulae conniventes), welche weich und schlappig sind, sie sind folglich keine Klappen.

§. 723.

Zwischen diesen beyden Häuten, besonders gegen dem Ende des Kanals, sitzen Schleimdrüsen (glandulae Peyerianae), welche auf die flockichte ihren

Saft

Saft bringen, damit sie überzogen und vor den scharf werdenden Speisen geschützt werden.

§. 724.

In die dünnen Därme vertheilen sich sehr viele Arterien, deren letzte und kleinste Aeste in die Höhle der Därme einen häufigen Saft ergießen, welcher dem Magensaft völlig ähnlich ist. Von den einsaugenden Venen (S. Kap. 5.). Nervenzweige aus dem achten Paar und den Bauchnerven sind in Menge in den Därmen vertheilt; daher sie auch ziemlich empfindlich sind.

§. 725.

Die Flocken der innern Haut, welche unzählich sind, bestehen alle aus jenen ausdünstenden Arterien, einsaugenden Venen, kleinen Nerven, und anfangenden Milchadern.

§. 726.

Dieselben sind mit einer gemeinschaftlichen Haut überzogen, und durch ein zartes Zellengewebe verbunden; ein jeder Flocke ist warzenförmig, an der Spitze mit einer Oeffnung durchbohrt.

§. 727.

Die Gedärme besitzen die Lebenskraft oder Reitzbarkeit beynahe in eben so hohem Grad, als das Herz; und bewegen sich noch lange nach dem Tod.

§. 728.

Vermöge dieser Kraft geschiehet die immerwährende wurmförmige Bewegung (motus peristalticus), welche zwar dem Ansehen nach unordentlich ist, aber doch nach gewisser Ordnung vor sich gehet.

§. 729.

Die dünnen Därme ziehen sich stückweise zusammen und erweitern sich wieder, nach den Gesetzen der

der Gegenbewegung; ein Theil ist in der Zusammenziehung, zu der Zeit da der andere in der Erweiterung ist.

§. 730.

Diese Bewegung nimmt ihren Ursprung an dem Anfang der dünnen Därme, und wird nach dem Ende hin bestimmt.

§. 731.

Sie wird verrichtet durch die ringförmigen und länglichten Muskelfasern, diese erweitern und verkürzen, jene verengern den Darm; die Gegenbewegung (§. 729.) hilft auch dazu.

§. 732.

Durch diese Bewegung wird der Milchsaft aus der Masse der Speisen ausgedruckt, und dieselbe nach dem Ende des Kanals hingetrieben.

§. 733.

Durch das Zugießen des Gedärmsaftes, wird der Milchsaft immer mehr verdünnt, aufgelöst und in unsere Natur verwandelt.

§. 734.

Die anfangenden Milchgefäße saugen den Milchsaft, durch eine ihnen eigene anziehende Kraft, zur Zeit der Erweiterung des Darms in sich, und bringen ihn weiter in ihre größere Aeste.

§. 735.

Die Milchgefäße gehören zu der Klasse der lymphatischen Gefäße (§. 271. u. f.), und besitzen alle daselbst erwehnte Eigenschaften.

§. 736.

In dem Gekröse durchkriechen sie die lymphatischen Drüsen (§. 276.); ehe sie hineintreten, so werden sie genennt Milchgefäße der ersten Art,

L 2   wann

wann sie herausgekommen, Milchgefäße der zwoten Art, u. s. f.

§. 737.

Die Milchgefäße, die lymphatischen Gefäße
der Eingeweide und der untern Gliedmaßen, endigen sich alle in das bey Menschen nicht sehr merkliche
Behältniß des Milchsafts (receptaculum chyli),
ein veränderliches, weites, auf den ersten Wirbel-
beinen der Lenden liegendes Gefäß.

§. 738.

Dieses Behältniß endigt sich in den engern
Milchgang (ductus thoracicus), welcher durch die
Brust neben der großen Arterie hinaufsteigt, noch
mehrere Wassergefäße in der Brust aufnimmt, sich
von dem sechsten Rücken-Wirbelknochen an immer
mehr gegen die linke Seite biegt, von oben wieder
her,untersteigt, und sich in die Schlüsselbeinvene öffnet.

§. 739.

Vor dieser Oeffnung liegt eine Klappe, welche
den Eintritt des Bluts in den Milchgang verhindert,
und den Einfluß des Milchsaftes in die Vene mäßigt.

§. 740.

Der Milchsaft wird von da nach dem Herzen, in
die Lungen u. s. w. geführt, und zu Blut verarbeitet
(S. 2ter Abschnitt), welches aber nicht in einem,
sondern in öfters wiederholtem Kreislauf geschiehet.

§. 741.

In den Milchgefäßen, dem Behältniß und dem
Milchgang, wird der Milchsaft durch die eigene Kraft
dieser Gefäße und durch die Bewegung der nahe gelegenen Theile fortgetrieben; aus dem Behältniß in
den Milchgang wird der Lauf schneller, wegen der
Verengerung des Durchmessers.

§. 742.

§. 742.

Es kommen auch noch Milchgefäße aus dem Anfang der dicken Gedärme.

Fünfter Abschnit.
Die Ausführungen.

Erstes Kapitel.
Die Verrichtung der Grimmdarmklappe und der dicken Därme.

§. 743.

Das übrige der Speisen, welches aus Erde, säulender Galle und Schleim besteht, ist zur Nahrung untüchtig, und muß zum Körper ausgeführt werden.

§. 744.

Zu dem Ende öffnet sich die untere Mündung des dünnen Gedärmeganges in den Anfang der dicken Gedärme, so auf der rechten Niere liegt; diese sind zur Verdickung und Ausführung des Unraths bestimmt.

§. 745.

Bey dieser Mündung ist zu bemerken die Grimmdarmklappe (valvula coli), eine doppelte Faltung der beyderseitigen Häute, welche in den Grimmdarm hervorragen und eine zusammengedruckte Oeffnung von der Seite des Grimmdarms vorstellen; an jeder Ecke der Oeffnung ist ein Band befestigt (frena Morgagni).

£ 3   §. 746.

§. 746.

Diese Klappe ist mit einem verschließenden Muskel umgeben (sphincter), vermöge desselben, und der erwähnten Bänder, kann die Mündung vollkommen verschlossen werden.

§. 747.

Die Grimmdarmklappe hat eine dreyfache Verrichtung: 1. Sie widersteht dem allzu frühen Uebergang der Speisen aus den dünnen in die dicken Gedärme; denn zwischen dem Krummdarm (ileum) und der Klappe ist eine Gegenbewegung (antagonismus).

§. 748.

2. Wenn die Masse der Speisen genug ausgesogen, so überwiegt zuletzt die zusammenziehende Kraft des dünnen Darms den Widerstand der Klappe, die Mündung öffnet sich und die ausgesogene Masse wird in den Blinddarm getrieben.

§. 749.

3. Wenn der Unrath aus dem Blinddarm in den Grimmdarm übergehet, so schließen sich die zwo Falten der Klappe so genau zusammen, daß nichts davon in die dünnen Därme zurück treten kann.

§. 750.

Die dicken Gedärme fangen an dem Blinddärme an, laufen unter dem Namen des Grimmdarms (colon) um den ganzen Umfang der dünnen Därme herum, und endigen sich an dem Mastdarm, dessen Oeffnung der After ist (anus).

§. 751.

An der linken Seite des Blinddarms ist der wurmförmige Fortsatz, dessen Höhle mit Schleim angefüllt ist; dieser ergießt sich in den Blinddarm.

§. 752.

§. 752.

An dem Blinddarm entstehen die drey fleischigen Bänder der dicken Gedärme, welche sich bis an dem Afterdarm erstrecken, und die dicken Gedärme in viele Behältnisse theilen; auch die Zirkelfasern sind sehr stark.

§. 753.

Vermöge dieser beyden Arten von Fleischfasern geschiehet die wurmförmige Bewegung der dicken Gedärme, welche hier schwächer ist als in den dünnen.

§. 754.

Durch diese Bewegung wird der Unrath langsam aus einem Behältniß in das andere getrieben, bis er in den Afterdarm übergehet; auf diesem Wege wird er durch das Einsaugen der kleinen Venen immer verdickt.

§. 755.

Der in den dicken Gedärmen vorhandene Schleim macht ihn schlüpfrig und mindert seine Schärfe.

§, 756.

Der Mastdarm (intestinum rectum) ist die Fortsetzung und das Ende der dicken Därme, er gehet über dem Sitzbein herunter und öffnet sich an dem Schwanzbein durch eine Fortsetzung mit den äußern Bedeckungen.

§. 757.

Der Mastdarm ist mit sehr starken, geraden und Zirkelfasern versehen, er liegt mitten in einem häufgen Fett, und ist daher sehr ausdehnbar.

L 4 §. 758.

§. 758.

Die innere Oberfläche wird mit vielem Schleim überzogen.

§. 759.

Die Oeffnung des Afters wird durch verſchiedene ſtarke Muskeln regiert. 1. Der Aufrichtende (levator), welcher den After in die Höhe zieht und öffnet. 2. Der innere Verſchließer (Sphincter internus), welcher denſelben immer ſo genau zuſchließt, daß kein Unrath von ſelbſt durchgehen kann. 3. Der äußere Verſchließer (externus), welcher eben dieſelbe Verrichtung hat; jener aber iſt von dem Willen unabhängig, dieſer wirkt wenn wir wollen.

§. 760.

Der aus den dicken Därmen in den Afterdarm unaufhörlich übergehende Unrath ſammelt ſich in dem Afterdarm nach und nach an, und dehnt denſelben gleichſam als einen Sack aus.

§. 761.

Endlich wird er der Natur wegen ſeiner reitzenden Schärfe und ſeinem Gewichte zur Laſt; daher entſtehet ein Drang, welcher zur Ausführung abzweckt.

§. 762.

Dieſelbe wird bewirkt, wenn der Widerſtand des inneren Verſchließers überwunden, und der After geöffnet wird.

§. 763.

Er wird überwunden durch die entgegen wirkende Gewalt des Zwerchfells und der Bauchmuskel, welches durch ein willkührliches Einathmen auf alle

Ein=

Eingeweide des Unterleibs druckt und den Unrath forttreibt.

§. 764.

Das übrige verrichtet die wurmförmige Bewegung des Afterdarms.

§. 765.

Zu gleicher Zeit ziehet der aufrichtende Muskel den After in die Höhe, öffnet ihn, und verhindert daß er nicht vorfalle.

§. 766.

Wenn die drückenden Kräfte nachgelassen haben, so wird der After wieder geschlossen.

Zweytes Kapitel.
Die Absonderung und Ausführung des Harns.

§. 767.

Der Harn ist ein von dem Geblüte abgegangenes, überflüßiges, mit erdigen, öhlichten und salzigen Theilen angefülltes, gelb gefärbtes, übel riechendes Wasser.

§. 768.

Er führet nicht allein gemeines Meersalz, Sylvisches Digestiv= und Glauberisches Salz, sondern auch ein wesentliches saures Salz von besonderer Art bey sich, dessen Erzeugung unbekannt ist.

§. 769.

Diese Bestandtheile, von welchen die Farbe des Urins abhängt, sind nicht allezeit in gleichem Verhältniß darinnen enthalten. Blasser Harn, welcher auf häufiges Getränke abgeht, ist beynahe

L 5　　　bloßes

bloßes Waſſer. Derjenige hingegen, welcher nach einem erquickenden Schlaf gelaſſen wird, iſt mit den angeführten Beſtandtheilen am meiſten geſchwän= gert. In Krankheiten verändert ſich der Harn ſehr mannigfaltig.

§. 770.

Der Harn wird durch die Nieren, die Harn= gänge, die Harnblaſe, die Harnröhre abgeſon= dert und ausgeführt.

§. 771.

In der Nähe der Nieren, etwas mehr nach oben und nach innen liegen die Neben=Nieren (renes ſuccenturiati); zwo kleine, platte, dreyeckige fleiſchige Drüſen mit einem braunen Saft angefüllt; ihr Nußen iſt ganz unbekannt; mit der Abſonderung des Harns haben ſie nichts zu ſchaffen. Sie ſind im Foetus größer als bey Erwachſenen.

§. 772.

Die Nieren ſelbſt liegen in der Lendengegend mit ſehr vielem Fett bedeckt; beyde empfangen aus der großen Arterie und aus der großen Vene einen beträchtlichen Aſt.

§. 773.

Eine jede Arterie ſenkt ſich in die Niere herein, und vertheilt ſich bogenweiſe in die Rinde der Nie= ren durch viele Aeſtchen, deren leßtere ſich in die Harnröhrchen ergießen, ſo die innere Subſtanz der Nieren ausmachen.

§. 774.

Die Harnröhrchen laufen alle gerade gegen die Mitte zuſammen, und endigen ſich in die Harn= wärzchen.

§. 775.

§. 775.

Die Harnwärzchen ergießen sich in die Trichter, welche sich nach und nach in einen endigen; dieser wird das Nierenbecken genannt.

§. 776.

Durch die Arterie und ihre Aestchen wird der Harn, vermöge der Gesetze der Absonderung (S. zwenter Abschn. sechstes Kap.), von dem Geblüte unaufhörlich abgesondert, zubereitet, in die Harnröhrchen, in die Trichter und in das Becken gebracht.

§. 777.

Das von der Absonderung übrige Blut gehet durch die Nierenvenen wieder zurück.

§. 778.

Die Nierenbecken endigen sich in die Harngänge, zwen weißhäutige Kanäle, welche von den Nieren vorwärts gegen dem Becken herunter steigen und sich an der hintern Seite der Harnblase mitten in ihre Höhle schief endigen.

§. 779.

Durch diese Gänge fließt der Harn unaufhörlich, vermöge seines Gewichts und der eigenen Lebenskraft der Gänge.

§. 780.

Die Harnblase ist ein länglichtes, großes, häutiges Behältniß in dem untern vordern Theil des Unterleibs, welches einer starken Ausdehnung und Zusammenziehung fähig ist. Dieses Behältniß hat gleich dem Magen vier Häute: 1. Eine von dem Bauchfell; 2. eine muskulöse; 3. eine Nervenhaut und 4. eine flockichte, welche beyde letztere von der äußern Haut und Oberhaut abstammen. Viele Blut-

Blut = und Wassergefäße und Nerven vertheilen sich in dem Zellengewebe zwischen diesen Membranen.

§. 781.

Die Harnblase hat drey Oeffnungen. 1. Die zwo schiefen Insertionen der Harngänge an ihrem hintern und mittlern Theil, wodurch der Harn hinein fließt. 2. Die Oeffnung der Harnröhre an dem Halse derselben, wodurch der Harn heraus fließt.

§. 782.

Die Harnblase ist mit vielen Muskelfasern umgeben, hauptsächlich aber sind zween Muskeln zu bemerken. 1. Der Abtreiber des Harns (detrusor vrinae). 2. Der Verschließer der Harnblase (Sphincter veficae); zwischen denselben ist eine Gegenbewegung.

§. 783.

Der Verschließer der Harnblase hält dieselbe immer verschlossen, so daß der Harn sich in der Blase nach und nach anhäufen muß; die aufrechte Stellung und die schiefe Insertion der Harngänge sind hiezu noch behülflich.

§. 784.

Der Harn wird in der Harnblase durch seinen Aufenthalt immer mehr verdickt, schärfer und gelber: das Einsaugen der Gefäße, die unsichtbaren Oeffnungen und die eigene Lebenskraft der Blase bewirken solches.

§. 785.

Damit die Schärfe des Harns der Harnblase nicht schade, so wird die innere Seite derselben mit Schleim überzogen.

§. 786.

§. 786.

Wenn der Harn durch seine erlangte Schärfe und sein Gewicht der Natur beschwerlich zu werden beginnt, so entstehet die Nothwendigkeit der Ausführung, welche durch einen Drang sich äußert.

§. 787.

Die Ausführung des Harns wird bewirkt, wenn der Widerstand des Verschließers, durch eine höhere Kraft überwunden wird.

§. 788.

Dieselbe bestehet in dem Druck des Zwerchfells und der Bauchmuskeln, welche durch ein willkührliches Einathmen sich zusammenziehen, die Harnblase drücken und öffnen.

§. 789.

Das übrige verrichtet der Abtreiber (detrusor) des Harns.

§. 790.

Der Harn fließt aus der Harnblase bis auf den letzten Tropfen heraus, und die Harnblase wird klein und runzlicht.

§. 791.

An der Harnblase Hals nimmt die Harnröhre den Anfang, ein Kanal von schwammigtem Fleisch, bey Weibern kurz, bey Männern lang; bey jenen öffnet sie sich zwischen den Nymphen; bey diesen an der Eichel; die Beschleuniger (acceleratores) vermehren die Geschwindigkeit des Ausflusses.

§. 792.

Wenn der Harn ausgeführt ist, so stellen sich alle Theile wieder in vorigen Zustand.

§. 793.

§. 793.

Zwischen den zu beyden bisher beschriebenen Ausführungen dienenden Theilen, herrscht ein genauer Consensus.

Drittes Kapitel.
Die Ausdünstung durch die Haut und Lungen.

§. 794.

Ein Theil der überflüßigen Säfte in dem Körper, verraucht durch die unsichtbare Ausdünstung.

§. 795.

Dieselbe geschiehet durch die ganze Oberfläche des Körpers, die innere Oberfläche der Lunge, und den ganzen Kanal der Gedärme.

§. 796.

Die allgemeinen Decken, womit die ganze Oberfläche des Körpers überzogen ist, sind 1. die Haut (cutis), eine aus dem gedrungensten Zellengewebe, dessen Fasern mannigfaltig durchflochten sind, sehr vielen der kleinsten Endigungen der Nerven, Arterien und Venen zusammengewebte Membran.

§. 797.

Demnach ist die Haut sehr empfindlich, und besitzt einen hohen Grad der Lebenskraft; sie ist der Luft undurchdringlich, der Sitz des Gefühls (dritter Abschn. zweites Kap. I.) die Thürhüterin des m. K.

§. 798.

Die Haut ist mit einer unempfindlichen, trockenen Membran (epidermis) ohne Gefäße überzogen, deren

deren Urſprung unbekannt iſt; dieſe dient, um die
Empfindung der Haut zu mindern.

§. 799.

Zwiſchen beyden iſt das ſchleimige Netz (rete
Malpighii), welches zur Verbindung derſelben und
zur Verwahrung der Nervenwärzchen (§. 340).
dient. Es iſt bey Mohren ſchwarzbraun, ſehr
ſchmierig, und vermöge des häufigern Brennbaren
der Grund der ſchwarzen Farbe dieſer Menſchen-
gattung.

§. 800.

Unter der Haut ſind häufige Fettdrüſen, welche
mit ihren Gängen die Oberhaut durchbohren, und
die Oberfläche des Körpers beſchmieren. Sie ſind
an einigen Stellen häufiger als an andern.

§. 801.

Aus dieſen Fettdrüſen und dem Fett unter der
Haut wachſen die Haare, und bedecken die Oberhaut über der ganzen Oberfläche des Körpers, auſſer
der flachen Hand und Fußſohle, in verſchiedener
Länge; ſie dienen zur Zierde und Beſchützung.

§. 802.

Die Haut und Oberhaut erſtrecken ſich von auſ-
ſen auch in die inneren Theile des Magens, der
Gedärme, der Lungen u. ſ. f. und hängen alſo mit
der Nerven- und zellichten Haut dieſer Theile zuſammen.

§. 803.

Die Oberhaut, welche keine eigene Gefäße hat,
iſt dennoch durch eine unzählige Menge der kleinſten ſich endigenden Arterien und Venen durchbohrt.
Jene dünſten unaufhörlich eine feine, nicht in die Sinnen

men fallende Feuchtigkeit aus; diese saugen aus der
uns umgebenden Atmosphäre die feinsten Theilchen
wieder ein.

§. 804.

Diese unsichtbare Ausdünstung enthält also das
überflüssige Wässerige aus dem Blut, die Schmiere
der Talgdrüsen, und den neuesten Erfahrungen zufolge eine Menge Brennbares. Verstärkt wird die
Ausdünstung zu Schweiß. Unter dem Vergröße-
rungsglas erscheint sie unter der Gestalt kleiner, feiner und durchsichtiger Scheibchen.

§. 805.

Eben so, wie die Haut, dünsten auch die Lungen viel Wässeriges und Brennbares aus (§. 204.)

§. 806.

Der häufigere und zu anderweitigen Verrichtungen bestimmte Magen- und Gedärme-Saft
(§. 655. 697.) ist doch in so fern hieher zu rechnen;
als zwischen beyden abscheidenden Organen nicht allein
die größte Analogie, sondern auch ein genauer Consensus herrscht.

§. 807.

So stehen auch die Nieren in einer genauen
Mitleidenschaft mit der Haut und ihren Verrichtungen. Ein plötzlich entstehender Durchlauf, oder
häufiges Urinlassen, ersetzen sehr oft die zurückge-
triebene Ausdünstung.

§. 808.

Daher auch weder die Menge, noch das Verhältniß der unsichtbaren Ausdünstung gegen die übrigen Ausführungen genau bestimmt werden kann.
Beydes hängt von den Temperamenten, dem

Alter,

Alter, Geschlecht, vom Himmelsstrich und von der Jahreszeit ab.

§. 809.

Das Einsaugen durch die Venen ist ebenfalls beträchtlich. Aeusserliche Arzneymittel wirken nicht anders auf den m. K. als vermittelst der resorbirenden Venen.

§. 810.

Der Bildungstrieb ist eine jedem thierischen Körper vom Schöpfer beygelegte eigene Kraft; vielleicht ein Zweig der Lebenskraft; welcher sich in der **Zeugung, Ernährung, und Ersetzung** verlohrner Theile thätig beweißt.

Sechster Abschnit.
Der Bildungstrieb.

Erstes Kapitel.
Das Antheil des Mannes an der Erzeugung.

§. 811.

Die Erzeugung geschiehet durch den Beyschlaf beyder Geschlechter, des Mannes und des Weibes.

§. 812.

Die Zeugungsglieder des männlichen Geschlechts, sind die Ruthe, der Hodensack, die darinnen liegenden Hoden und die Saamenbläschen.

M §. 813.

§. 813.

Die Hoden sind diejenigen im Hodensacke (scrotum) hängende am Saamenstrange (funiculus spermaticus) befestigte verwickelte eyförmige drüsen, in welchen der Saame des Mannes, der zur Erzeugung nöthig ist, abgesondert und zubereitet wird. Sie bestehen aus einem über einander gewickelten Knauel von Gefäßen. Beyde Hoden sind durch eine Zwischenhaut (dartos) von einander abgesondert, und jede in ihren eigenen Sack eingeschlossen.

§. 814.

Das Geblüt, woraus diese Absonderung geschiehet, wird durch die Saamenarterien aus der großen Arterie unmittelbar durch einen langen Weg in die Hoden gebracht.

§. 815.

Der in den Hoden bereitete Saame wird durch einige Gänge (vasa Graafiana) in die Nebenhode (epididymis) gebracht; diese endigt sich in den abführenden Gang, (ductus deferens), welcher den Saamen nach den Saamenbläschen bringt.

§. 816.

Die Hoden und die Nebenhoden umgiebt erstlich eine weiße feste eigene Haut; diese aber überziehen verschiedene Scheiden (tunicæ vaginales) von Zellengewebe, davon die äußerste der Hode und dem Saamenstrang gemeinschaftlich, die innerste aber zweyfach, eine der Hode, die andere dem Saamenstrang gewidmet ist.

§. 817.

Muskelfibern, von den schiefen Bauchmuskeln entstehend, laufen zerstreut über die Hoden her, und

ziehen

ziehen sie durch ihre Zusammenziehung in die Höhe (musculus cremaster).

§. 818.

Die Saamenbläschen liegen an dem vordern und untern Theil der Harnblase gedärmeförmig, beyde von einander unterschieden, jede mit einer sehr engen und von Natur verschlossenen Oeffnung in den Hals der Harnröhre auf den Seiten des Hahnen=kammes (verumontanum) versehen, und mit Reiz=barkeit begabt.

§. 819.

In diesen Saamenbläschen wird der Saame bis zum Beyschlaf verwahrt; erfolgt dieser nicht, so wird er durch Venen in das Geblüt eingesogen. Ohne Zweifel haben die Saamenbläschen vermöge der den Behältnissen zukommenden zwoten Zuberei=tungskraft (§. 316.) einen nicht unbeträchtlichen Antheil an der Zubereitung des Saamens.

§. 820.

Der in den Hoden und den Saamenbläschen abgesonderte und zubereitete Saame ist ein dicker, zä=her, schleimiger Saft, von der Natur mit der größ=ten Sorgfalt und durch lange Umwege ausgearbeitet.

§. 821.

Vor den Saamenbläschen, am Hals der Harnröhre, liegt der Vorsteher (prostata), eine herzförmige Drüse, welche sich durch sehr viele kaum sichtbare Mündungen in den Hals der Harnröhre ergießt, und einen weißen Saft absondert, der sich mit dem Saamen bey dem Ausspritzen vermischt.

§. 822.

Die männliche Ruthe besteht aus drey schwam=michten Körpern; zwey obern, einem untern. Die

zwey

zwey obern machen die Größe der Ruthe eigentlich
aus; sie entstehen durch Schenkel (crura), welche
an die Schaamknochen befestigt sind, laufen zusammen, bleiben durch eine Haut von einander unterschieden, und endigen sich in eine Spitze. Zwey
Muskeln (erectores) geben ihr beym steifwerden eine
gerade Richtung.

§. 823.

Der untere schwammichte Körper von feinerer
Bauart umgiebt die aus der Harnblase entstehende
Harnröhre, läuft an der untern Seite der obern
(§. 633.) nach vorwärts, wird daselbst zur Eichel
welche sich über die Spitze der obern herüber schlägt.

§. 824.

Viele Arterien und Venen endigen sich mit offenen Mündungen in alle diese schwammichte Körper.

§. 825.

Die gemeine Haut ist die Bedeckung der männlichen Ruthe. An dem hintern Theil der Eichel
verdoppelt sie sich und wird zur Vorhaut. Zwischen,
der Vorhaut und der Eichel sondern einzelne Drüsen
einen besonders riechenden Schleim ab.

§. 826.

Der Harnröhre innere Haut ist eine Fortsetzung der äußern, mit sehr viel Schleimdrüsen besetzt, worunter zwey von besonderer Größe, nahe
bey dem Hahnekamm (Couperianae). Kurz vor dem
Hals erweitert sich die Harnröhre (bulbus vrethrae).
Diese erweiterte Stelle wird von zwey druckenden
Muskeln umfaßt (acceleratores).

§. 827.

Die Absonderung des Saamens erfolgt erst in
dem Alter der Mannbarkeit, da zugleich in der
Schaam-

Schaamgegend Haare empor wachsen, die Stimme gröber wird, und der Bart am Kynne hervor kommt. Zwischen der Kehle und den männlichen Zeugungs= theilen herrscht ein unerklärbarer Consensus (§. 207.)

§. 828.

Die männliche Ruthe im gewöhnlichen Zustande ist schlapp und klein, und der Umlauf des Bluts durch dieselbe geschiehet frey und ungehindert.

§. 829.

Durch verliebte Gedanken, oder auch durch einen andern Reitz wird in den Höhlen der obern schwammichten Körper das Blut zurück gehalten, und treibt sie auf. Die Ruthe verlängert und ver= dickert sich, und wird steif.

§. 830.

Wenn hierauf kein Beyschlaf erfolgt, so wird allmählig das Blut wieder durch Venen aufgenom= men, die Ruthe fällt wieder zusammen und wird schlapp.

§. 831.

Wenn auf die Steifigkeit der Ruthe ein Bey= schlaf erfolgt, so wird die Ruthe in die weibliche Schaam eingelassen, durch das Reiben der Eichel an die innere Haut der Mutterscheide eine besondere Wollust, und eine Spannung in dem untern schwammichten Körper verursacht, wodurch er eben= falls anfängt zu strotzen und steif zu werden.

§. 832.

Endlich wird der Saame unter einer kurzen gich= terischen Bewegung des ganzen Nervenbaus und dem höchsten Grade der Wollust ausgespritzt. Die Handlung des Beyschlafs schwächt, wann sie zu oft geschiehet, die Nerven vermöge des Consensus

der

der Zeugungstheile mit dem Nervensystem; daher auch
die Vertheidiger der Lebensgeister vermuthen, daß
Nervensaft unter dem Beyschlaf mit dem Saamen
ejaculirt wird.　§ 833.

Die bewirkenden Ursachen des Ausspritzens sind 1.
ein Krampf der aufhebenden Muskeln des Afters, wodurch die Saamenbläschen gedrucket werden. 2. Eine
krampfhafte Zusammenziehung der Saamenbläschen
selbst. 3. Die beschleunigenden Muskeln der Harnröhre.　§. 834.

Mit dem männlichen Saamen vermischt sich
der Saft des Vorstehers, verdünnt ihn, und macht
ihn geschickter zur gewaltsamen Ausspritzung, welche
zu einem fruchtbaren Beyschlaf nöthig ist.

§ 835.

Durch welche Kraft belebt, ist der männliche
Saame zur Erzeugung tüchtig? Sind es besondere
Thierchen, worunter eines den Menschen abgiebt,
und viele tausend verloren gehen? oder sind es nur ver-
meinte Thierchen, welche im Saamen gesehen werden?
oder sind es organische Theilchen? oder sind es ursprüngliche Keime, welche von den Thieren eingeathmet u. mit
der Nahrung verschluckt, in den Wegen des Umlaufs
die animalische Natur annehmen, und in den Saamen
übergehen?　§. 836.

Oder, da doch alle diese Hypothesen nur Worter-
klärungen sind; ist es nicht rathsamer, uns auf die eigene, thätige, lebendige, der Reißbarkeit gleichzuschä-
tzende Kraft des Saamens (§. 288.) zu berufen?

§. 837.

Trägt zu dieser Eigenschaft die Beschaffenheit
des Bluts, woraus der Saamen zubereitet wird,
und die Verwickelung der Gefäße etwas bey? Vermuthlich vieles, noch mehr aber die Absonderungs-
und Lebenskraft der kleinsten Gefäße.

Zweytes Kapitel.
Die Frau im ungeschwängerten Zustand.

§. 838.

Die Geburtstheile des weiblichen Geschlechts sind entweder äußere oder innere. Die äußere sind 1. der Eingang der Mutterscheide, welche bey Jungfern mit einer halbmondförmigen Membran (hymen) versehen; 2. die Lefzen; 3. die Nymphen; 4. die Oeffnung der Harnröhre; 5. der Kißler, der Sitz der Wollust; 6. der mit Haaren bewachsene Venusberg.

§. 839.

Die innern Theile sind: 1. die Mutterscheide, ein zwischen der Harnröhre und dem Afterdarm nach der Mutter führender Kanal schwammichter Bauart, bey seinem Eingange mit einem schließenden Muskel (constrictor cunni) versehen. Die innere Haut ist runzlicht, empfindlich, und mit vielen Schleimhöhlen besetzt. Sie ist eine Fortsetzung der äußern.

§. 840.

2. Die Mutter, der merkwürdigste unter allen weiblichen Geburtstheilen. Ein flaschenförmiges Behältniß, platt zusammengedrückt. Sie liegt in der Mitte des Beckens, zwischen der Harnblase und dem Afterdarm: befestigt a) durch die breiten Bänder, einer Verdopplung des Bauchfells; b) durch runde Bänder, welche unter dem Bauchfell vorwärts laufen, und sich in den Leisten befestigen.

§. 841.

Der Hals der Gebärmutter ragt eines Fingers breit in die Mutterscheide, und wird von derselben um-

umfaßt; in dieselbe öffnet sich auch der äußere Mut=
termund, einem Querspalt ähnlich. Der innere
Muttermund, geht von dem Hals nach der Höhle
der Mutter.

§. 842.

Die Substanz der Gebärmutter ist zellicht, fest,
schwammicht, ausdehnbar ohne Verlust ihrer Dicke.
Ob aber in dieser Substanz Muskelfibern sich ver=
breiten, wird in neuern Zeiten bezweifelt.

§. 843.

Unterdessen ist die Gebärmutter in hohem Grade
reißbar, und gleich andern hohlen Muskeln, einer
starken Contraction fähig, welche sich nach den Ge=
setzen des Antagonismus verhält. Der Grund nebst
dem mittlern Theil und der Hals wirken gegen ein=
ander. Kann eine solche Bewegung von den Arte=
rien der Gebärmutter herstammen? Ich zweifle.
Kann eine zellicht schwammige Substanz sich mit ei=
ner so starken, sonst nur den Muskelfasern eigenen,
Kraft zusammenziehen? In diesem Fall wäre die
Gebärmutter ein Beweis, daß der äußerste Grad
der Reißbarkeit auch in andern, als Muskelfibern
statt haben könne.

§. 844.

Uebrigens ist die Gebärmutter vermöge ihrer
vielen Nerven auch sehr empfindlich, und stehet mit
dem Nervensystem, mit dem Magen, und vorzüg=
lich mit den Brüsten in einem genauen Consensus.

§. 845.

An den Seiten des Grundes der Mutter, ent=
stehen die Muttertrompeten. Ihre Oeffnung ist
eng, im Fortgang werden sie weiter, sie sind etwa
eines Fingers lang und endigen sich mit freyhängen=
den

den Franzen (fimbriae). Sie sind einer wurmförmigen Bewegung fähig, sehr empfindlich, von
schwammichter Bauart.

§. 846.

Unter den Trompeten, neben der Mutter, liegen im breiten Bande die Eyerstöcke. Zwey kleine
eyförmige Körper, schwammichter Bauart. Sie
empfangen die nemliche Arterien und Venen, welche
bey Männern in die Hoden gehen. Sie enthalten
kleine runde Körperchen mit einem eyweißartigen
Saft angefüllt, in welchem sich nach der ersten Empfängniß ein gelbes Körperchen (corpus luteum)
zu zeigen pflegt.

§. 847.

Der ganze Bau der weiblichen Geburtstheile ist
mit sehr viel Arterien und Netzen von Venen versehen, daher sehr leicht zum Schwellen geschickt.

§. 848.

In dem Bau der Mutter selbst, vertheilen sich
sehr viele schlangenweise geordnete Arterien und Venen, deren spitzige Endigungen in die Höhle der
Mutter und Mutterscheide hervorragen, und derselben innere Haut zottigt (flocculenta) machen.

§. 849.

Zur Zeit der Mannbarkeit, entstehen gewisse
Veränderungen im weiblichen Geschlecht. Die
Brüste wachsen empor, und die monatliche Reinigung stellt sich ein, vermöge des vorhin erwähnten
genauen Consensus der Gebärmutter mit den Brüsten.

§. 850.

Die monatliche Reinigung, ist ein gemeinig-
lich alle vier Wochen entstehender natürlicher Blut-
fluß aus den weiblichen Geburtstheilen, welcher

M 5

einige

einige Tage dauert und von selbst wieder aufhört.
Ohne denselben kann die Gesundheit des weiblichen
Geschlechtes nicht bestehen. In der Schwanger-
schaft hört er jedoch natürlicher Weise auf.

§. 851.

Die Quelle dieses monatlichen Ausflusses, sind
die Arterien der Mutter und der Mutterscheide
(§. 656.), er endigt sich mit einem Blutwasser.

§. 852.

Es wird gefragt, was ist die nächste Ursache der
monatlichen Reinigung? Hat der Mond Antheil
daran? Gewiß nicht. Ist es ein zu gewissen Zeiten
sich einstellender Trieb zur Begattung? Ist es eine
Schärfe? Oder hat die Gebärmutter eine anerschaf-
fene Kraft Blut anzuziehen? Ist es eine allgemeine
Vollblütigkeit? Oder eine besondere in der Gebärmutter? Entsteht diese letztere von unterdrückter
Ausdünstung? Ist die monatliche Reinigung eine
von der Gebärmutter ausgearbeitete nährende Feuchtigkeit, zur Zeit der Schwangerschaft nützlich, auß-
ser derselben schädlich?

§. 853.

Hat auch wohl, da außer dem menschlichen,
kein anderes Thiergeschlecht der monatlichen Reinigung unterworfen ist, die aufrechte Stellung des
Menschen Antheil daran? Gewiß ist es doch, daß
eine periodische Plethore in der Gebärmutter statt
haben muß.

§. 854.

Zu diesem Endzweck, hat die Natur den Bau
der festen Theile, bey dem weiblichen Geschlecht
überhaupt schlapper und weicher gemacht, als bey
dem männlichen. Die Arterien der Geburtstheile,
sind

sind nach Maaßgabe der übrigen Theile des Körpers, in Vergleich mit den Venen, weicher und von weiterm Durchmesser, auch ausdehnbarer, so daß sie bey eindringendem Blut leichter nachgeben müssen.

§. 855.

Warum geschiehet aber diese Ausführung nicht allezeit, sondern nur zu gesetzten Zeiten? Eine schwere Aufgabe.

§. 856.

Die Vorboten dieser Ausführung sind Leibschmerzen, Rückenschmerzen, Uebelkeit, Ohnmachten u. d. gl.

§. 857.

Die Zeit der Mannbarkeit erscheint bey dem weiblichen Geschlechte eher, als bey dem männlichen. Sie hört auch mit der monatlichen Reinigung eher auf, als bey diesen.

§. 858.

Auch in dem Beingerippe beyderley Geschlechter, hat der Schöpfer einen merklichen Unterschied angebracht. Bey dem Weibe stehen die Schaambeine weiter von einander als bey dem Manne. Die Hüften sind bey dem Weibe breiter als die Brust; bey dem Manne sind die Schultern breiter als die Hüften. Dieser Bau hat seinen Nutzen bey der Geburt.

Drittes Kapitel.
Die Empfängniß und Schwangerschaft.

§. 859.

Die Empfängniß, oder die Erzeugung einer Frucht, welche künftig einen Menschen abgeben wird, geschiehet durch einen fruchtbaren Beyschlaf.

§. 860.

§. 860.

Die steife männliche Ruthe wird in die weib=
liche Schaam eingelassen. Dieses geschiehet bey
dem ersten Beyschlaf, mit Schwierigkeit und Schmer=
zen, und das zerrissene Jungfernhäutchen pflegt
zu bluten. Jedoch finden hier Ausnahmen statt.

§. 861.

Durch das hin und her Reiben des männlichen
Gliedes in der Mutterscheide entsteht ein mit Wol=
lust vergesellschafteter Reiß, ein stärkerer Zufluß des
Bluts, ein Schwellen und Steifwerden des Kitz=
lers, eine krampfhafte Zusammenziehung des Schließ=
muskels der Mutterscheide; wann die Wollust auf
den höchsten Grad gestiegen, so erfolgt ein gewalt=
sames Ausspritzen eines Schleims aus den Drüsen
der Mutterscheide.

§. 862.

Die Veränderungen, welche in den inneren Ge=
burtstheilen vorgehen, sind merkwürdiger. Sie
schwellen ebenfalls auf, und werden krampfartig ge=
spannt. Die Trompeten verkürzen sich, legen ihre
Franzen an die Eyerstöcke, und nehmen das Ey,
oder den weiblichen Antheil an der Erzeugung auf,
und bahnen dem männlichen Saamen einen Weg.

§. 863.

Die Gebärmutter verhält sich hiebey auch thä=
tig. Der Saamen wird von dem Muttermund
aufgenommen, und durch die Zusammenziehung des
Mutterhalses zur Mutter gebracht. Nun zieht sich
auch die Mutter zusammen, und würde ohne den
Widerstand des Halses den Saamen wieder heraus
treiben, allein durch diese Zusammenziehung wird er
in

in die Trompeten getrieben und geht dem weiblichen Ey entgegen.

§. 864.

Bemerkt es die Frau an einem Schauer, oder einer andern geheimen Empfindung, daß der Beyschlaf fruchtbar gewesen sey? Die Erfahrung ist nicht allgemein, also auch der Satz trüglich.

§. 865.

Wo ist die eigentliche Stelle der Erzeugung? Sollte sie wohl außer Zweifel in den Trompeten seyn? Oder ist sie in der Mutter selbst? oder in den Eyerstöcken? Wie kann eine Frucht außerhalb diesen Theilen sich anhängen und wachsen?

§. 866.

Besteht der weibliche Antheil bey der Erzeugung wirklich in einem Ey, oder einer Art von Saamen? Gewiß ist der Eyerstock im Weibe dasjenige, was bey dem Manne die Hode ist.

§. 867.

Sind es die Saamenthierchen (§. 835.), welche zur Zeit des Beyschlafs das weibliche Ey befruchten? Oder sind mütterliche, präexistirende Keime zugegen, welche durch die Thätigkeit des männlichen Saamens zur Entwicklung kommen? Sind diese Keime einer im andern eingeschlossen, oder im Universum zerstreut? Kann die Erzeugung der Bastarte dieser Evolutions=Theorie zu einem unterstützenden Beweis dienen?

§. 868.

Oder wird durch einen fruchtbaren Beyschlaf die Anlage zur Frucht erst gemacht, und dieselbe allmählig gebildet? Ist also die Epigenesis das System der Natur? Und welche Kraft bildet die Frucht?

Ist

Iſt es eine beſondere weſentliche Kraft? Oder
giebt die feurige Nervenflüßigkeit der Gallerte im
En Feſtigkeit, Reiß und Bewegung? Oder iſt es
nicht vielmehr eine beſondere uns unbekannte Kraft,
welche der Bildungstrieb genannt werden kann,
der ſich ſowohl in der Zeugung als in der Ernährung des m. K. thätig beweiſet?

§. 869.

Die monatliche Reinigung hört nach einem
fruchtbaren Beyſchlafe auf. Warum erfolgen Uebel-
keiten, Eckel u. d. gl.

§. 870.

Der Ort der Erzeugung ſey, wo er wolle; ſo
hängt ſich die Frucht entweder ſogleich oder bald nach
dem fruchtbaren Beyſchlaf an die innere Oberfläche
des Grundes der Mutter, iſt aber zuverläßig erſt im
achtzehnten Tage ſichtbar.

§. 871.

Was iſt die Urſache, daß die Frucht nicht
wieder abgeht? Wird der Muttermund geſchloſſen?
oder iſt es die Gegenwirkung des Halſes mit dem
Grunde? die Haupturſache iſt wohl das Anhängen
derſelben an den Muttergrund.

§. 872.

Iſt wohl eine Ueberſchwängerung möglich in
einer einfachen Gebärmutter? Ich denke, nein!
dann ſie müßte ſich ſehr oft ereignen, wann ſie ſtatt
finden könnte.

§. 873.

Das Wachsthum der Frucht in der Mutter iſt
ſehr ſchnell, doch kann es nicht berechnet werden.
Ueberhaupt iſt es deſto ſchneller, je näher die Frucht
ihrem Urſprung iſt.

§. 874.

§. 874.

Die völlige Bildung der Frucht in allen ihren Theilen, ist in dem dritten Monate vollendet.

§. 875.

Das erste lebende, was an derselben wahrgenommen wird, ist das Herz, unter der Gestalt eines springenden Punkts (punctum saliens).

§. 876.

Gegen die Hälfte der Schwangerschaft, beweißt das Kind sein Leben durch Bewegungen.

§. 877.

Die ganze, den Gesetzen der Natur gemäße Zeit der Schwangerschaft, soll 36—40 Wochen dauren. Doch kann auch eine Geburt von 7 Monaten bey Leben bleiben.

§. 878.

Die Frucht schwebet in der Mutter nicht frey, sondern sie ist mit Häuten und Wasser umgeben, theils zu ihrer Sicherheit, theils zu ihrer Nahrung.

§. 879.

Die innerste Haut ist die Schaafhaut (Amnios), ein dünner, durchsichtiger, schwacher, membranöser Sack, ohne Gefäße, mit einem geliefernden Wasser angefüllt, in welchem die Frucht, von ihrem ersten Ursprung an, bis zu ihrer völligen Reife und Geburt, schwimmt. Diese Feuchtigkeit nimmt in ihrem Verhältniß gegen die Frucht mit zunehmender Schwangerschaft ab.

§. 880.

Dient diese Feuchtigkeit der Frucht auch zur Nahrung durch den Mund? Ist eine unentschiedene Streitfrage.

§ 881.

§. 881.

Die zweyte Haut iſt die Lederhaut (Chorion), feſt, ſtark, mit Gefäßen verſehen, und mit jener durch ein zellichtes Gewebe verbunden. Ein Stück davon bleibt bisweilen unter dem Namen der Glücks: haube auf des Kindes Kopfe ſitzen.

§. 882.

Die dritte iſt die zottichte oder Hunterſche Haut (caduca). Eine aus unendlich vielen der allerfein: ſten Gefäße beſtehende, zellenförmige, ſonſt ziem: lich ſtarke, dunkelweiße, und zum Theil durchſich: tige Membran, nach dem Mutterkuchen zu ſtärker, als in dem übrigen Umfang.

§. 883

Dieſe Haut verbreitet ſich über beyde andere und hängt ſich überall an den Seitenwänden der Mutter an, bey der Geburt einer reifen Frucht geht ſie entzwey und bleibt größtentheils an der Mut: ter hangen.

§. 884.

Der Mutterkuchen iſt eine verſtärkte merkli: chere Stelle jener Haut. Ein aus einem ſchwamm: artigen Zellengewebe und vielen ſowohl großen als kleinen Gefäßen beſtehender Kuchen.

§. 885.

Seine äußere Seite iſt durch ein Zellengewebe an die Mutter befeſtigt; ob auch die beyderſeitigen Blutgefäße mit einander münden, wird bezweifelt.

§. 886.

An der innern Seite iſt der Mutterkuchen mit den beſchriebenen Häuten überzogen. Gegen die Mitte entſteht aus demſelben der Nabelſtrang, ein mit beſagten Häuten umkleideter, aus einer großen

Vene

Vene und zwo großen Arterien, nebst vielem Zel=
lengewebe bestehender Bündel. Seine Länge ist sehr
veränderlich.

§. 887.

Die Vene entsteht aus den gesammelten Zwei=
gen des Mutterkuchens, aus welchem von da das
Blut nach dem Kinde zu lauft. Sie gehet in der
Mitte des Unterleibs durch einen dazu bestimmten
Raum zwischen den geraden Bauchmuskeln durch,
und ergießet sich in den durch die Leber gehenden ve=
nösen Gang (ductus Venosus).

§. 888.

An eben derselben Stelle kommen die Arterien
heraus, welche sich mit den Venen in den besagten
Bündel vereinigen. Diese bringen das Blut nach
dem Mutterkuchen und vertheilen sich daselbst nach
der diesen Gefäßen gewöhnlichen Art.

§. 889.

Ist also der Mutterkuchen das Mittel der Ge=
meinschaft des Blutumlaufs zwischen der Mutter und
dem Kind? Geschiehet solches durch Einsaugung
des in den Mutterkuchen abgesetzten Bluts? Oder
durch die unmittelbare Mündung der beydersei=
tigen Gefäße? Oder ist der Mutterkuchen ein blut=
bereitendes Eingeweide gleich den Lungen? Gewiß
ist es doch, daß bey Schwangern die Reinigung auf=
hört, und auf eine zu frühzeitige Absonderung des
Mutterkuchens ein gefährlicher Blutverlust erfolgt.

§. 890.

Wirkt die Einbildungskraft, oder der Schre=
cken der Mutter auch auf die Leibesfrucht, und ver=
ursacht Muttermäler und Mißgeburten? Eben so
schwer zu erklären als gänzlich zu leugnen.

N   §. 891.

§. 891.

Die Mutter selbst leidet unter der Schwangerschaft verschiedene Veränderungen. Anfänglich
senkt sie sich tiefer ins Becken. Der Querspalt des
Muttermundes wird rund.

§. 892.

Zu Ende des dritten Monates erhebt sie sich allmählich, steigt über die Schaamknochen, stößt die
Gedärme aus dem Weg, und füllt endlich den größten Theil des Unterleibes an.

§. 893.

Mittlerweile dehnt sich ihre Substanz aus,
ohne dünner zu werden. Die vorhin schlängelnden
Arterien werden gerader.

§. 894.

Gegen Ende der Schwangerschaft senkt sie sich
wieder. Der Muttermund erweitert sich mehr und
mehr, und so schicken sich diese Theile zur Geburt an.

§. 895

Welche Lage hat die Frucht in Mutterleibe?
Ist ihre Stellung sitzend mit dem Gesichte nach vorne
gekehrt, und stürzt sie sich am Ende mit dem Kopf
nach unten? Oder liegt sie so die ganze Schwangerschaft hindurch? Ist nicht die letztere Meynung die
wahrscheinlichste?

Viertes Kapitel.
Die Geburt.

§. 896

Die Frucht bleibt in der Mutter eine von der Natur gesetzte Zeit, und muß wieder durch ein
besonderes Geschäfte zur Welt gebracht werden.

§. 897.

§. 897.

Dieses Geschäft beruhet auf der Gegenwirkung der Mutter mit dem Mutterhalse. Die Geburt erfolgt, wann die Mutter den Widerstand des Mutterhalses völlig überwindet.

§. 898.

Wann die Frucht zu ihrer Reise gekommen, so ist die Ausdehnung der Mutter auf den höchsten Grad gestiegen, in welchem sie nicht länger bleiben kann.

§. 899.

Hilft sich eine reise Frucht auch wohl selbst zur Geburt? Wenig oder gar nicht.

§. 900.

Die zur Zusammenziehung gereizte Mutter wirkt auf die Frucht, und drückt sie gegen der Oeffnung des Muttermundes.

§. 901.

Der Muttermund widersteht kraft seiner Gegenwirkung, und läßt sich nicht schnell ausdehnen.

§. 902.

Die Empfindlichkeit der Mutter, und das Mitgefühl der nahe gelegenen Theile, verursacht die während jenen Zusammenziehungen entstehende Schmerzen, welche Wehen genannt werden.

§. 903.

Das Kennzeichen der wahren Wehen ist, daß sie auf die Erweiterung des Muttermundes dringen. Die falschen schnüren ihn zu.

§. 904.

Die Wehen sind anfänglich selten und schwach; nach und nach folgen sie schneller auf einander und werden stärker.

§. 905.

§. 905.

Diese theils vorbedeutende, theils vorberei=
tende Wehen reißen die gebärende Frau zu starken
Einathmungen, wodurch die Theile des Unterleibs
und die Mutter gepreßt, ihre Zusammenziehungen
unterstützt und des Muttermundes Widerstand mäch=
tiger überwältigt wird.

§. 906.

Durch die wiederholte mehr und mehr auf die
Geburt dringenden Wehen wird der Muttermund
allmählich erweitert, der Sack worinnen das Kind
eingeschlossen, ragt in Gestalt einer Kugel aus dem=
selben hervor. Endlich platzt er, oder muß geöffnet
werden; das darinnen enthaltene Wasser läuft aus
und macht die Wege schlüpfrig.

§. 907.

Ueberdas nähert sich der immer mehr erweiterte
Muttermund der Oeffnung der Mutterscheide, und
auch diese muß allmählich erweitert werden.

§. 908.

Der in einer natürlichen Geburt vorliegende
Kopf des Kindes, kommt endlich unter der stärksten
durchschneidenden Wehe und gewaltsamsten Ein=
athmung zum Vorschein, der übrige Theil des Kör=
pers folgt bald.

§. 909.

Weichen auch die Schaamknochen bey einer na=
türlichen Geburt aus einander? eine noch anhängige
Streitfrage.

§. 910.

Im Durchgang durch das Becken tritt der Kopf
des Kindes zuerst mit seinem großen Durchmesser in
den

den großen Diameter des Einganges, und dreht sich hierauf mit einer halben Zirkelwendung mit dem Gesichte nach dem heiligen Bein.

§. 911.

Die Kraft der Mutter treibt auch den Mutterkuchen aus, welcher nun als ein fremder Körper der Frucht folgen muß.

§. 912.

Zuvor aber muß die Nabelschnur vier Querfinger breit von dem Nabel des Kindes unterbunden und durchgeschnitten werden.

§. 913.

Nach ausgetriebener Frucht, zieht sich die Mutter mit unglaublicher Kraft zusammen, und stellt sich in eine von der natürlichen nicht sehr entfernte Größe wieder her.

§. 914.

Hiebey erfolgt eine starke Blutung aus den eröffneten und vorhin mit den Gefäßen oder Zellen des Mutterkuchens gemündeten Gefäßen.

§. 915.

Es erfolgen noch einige schmerzhafte Zusammenziehungen der Mutter, welche Nachwehen verursachen.

Fünftes Kapitel.
Die Folgen der Geburt.

§. 916.

Nachdem das Kind zur Welt geboren, so zieht sich die Mutter nach und nach bis in die Größe des jungfräulichen Zustandes zusammen.

§. 917.

§. 917.

Doch bleibt in Ansehung der Runzeln der Mutterscheide, des Jungfernhäutchens, des Grübchens hinter dem Eingang der Mutterscheide, welches flacher wird ⁊c. ein Unterscheid, zwischen einer unverletzten Jungfer und einer Frau, die geboren hat.

§. 918.

Die noch nicht völlig geschlossenen Gefäße der Mutter lassen noch einige Zeit Blut weggeben, bis die Mutter in den vorigen Zustand völlig hergestellt ist.

§. 919.

Zwey Tage nach der Geburt, oder eher, stellt sich ein Fieber ein, welches der Vorbote der Absonderung der Milch ist; diese erfolgt nun nach den Gesetzen der Natur, vermöge des Consensus zwischen der Gebärmutter und den Brüsten.

§. 920.

Die Brüste, in welchen diese Absonderung vor sich geht, sind zwey zusammengesetzte Drüsen, auf jedem Brustmuskel eine. Ihre Bedeckungen sind sehr vieles Fett, und die allgemeine Bedeckungen.

§. 921.

Aus jeder kleinen Drüse, welche nebst den übrigen die ganze Drüse ausmachen, entsteht ein kleiner Ausführungsgang, welcher sich mit andern vereinigt. Endlich fließen sie alle in etwa zwölf oder mehrere größere zusammen.

§. 922.

Diese durchbohren und öffnen sich in der Warze, einem in der Mitte jeder Brust befindlichen schwammigen sehr empfindlichen Körper. Durch einen Kitzel gereizt schwillt er auf. Alsdenn werden die Oeffnungen der Milchgänge erweitert.

§. 923.

§. 923.

Rings um die Warze her liegen kleine Fettdrüsen, welche die Folgen des Reibens von den Lippen des Kindes abwenden.

§. 924.

In diesen Drüsen erfolgt bald nach der Geburt, ein starker Zufluß des Bluts und bald darauf die Absonderung der Milch. Die Brüste schwellen und schmerzen.

§. 925.

Welches ist die Ursache, die das Blut nach der Geburt zu den Brüsten leitet? Ist sie mechanisch? oder ist es eine Ableitung? oder vielmehr ein Gesetz der Natur?

§. 926.

Die erste Milch, welche abgesondert wird, ist molkenartig (colostrum), und dient dem neugebornen Kinde zum Abführungsmittel.

§. 927.

Die ferner abgesonderte Milch ist ein weißer, undurchsichtiger, dem Ansehen nach gleichförmiger, dennoch aber aus verschiedenen Bestandtheilen zusammengesetzter Saft.

§. 928.

Die Milch ist ein aus dem Chylus entstehender, durch die Blutverwandlung in den Wegen des Blutumlaufs schon veränderter Saft; man könnte ihn füglich weißes Blut nennen. Die Milch steht im ersten Grad der Animalität unter den thierischen Säften; sie hat jedoch noch den Geschmack der Pflanzen an sich, welche dem Thier zur Nahrung gedient haben.

§. 929.

§. 929.

Die Milch bestehet aus dreyerley Bestandtheilen; 1. Molken; 2. Butter; 3. Käse.

§. 930.

Die Molken sind das Wasser der Milch, worinnen die beyden andern halb aufgelößt sind; in demselben ist ein wesentliches Salz enthalten (Saccharum lactis).

§. 931.

Die Butter enthält die öhlichten Theilchen, durch den Kreislauf zu einer gewissen Consistenz gebracht.

§. 932.

Der Käse ist mehr erdig, und hat schon die thierische Natur angenommen.

§. 933.

Durch die Ruhe wird die Milch sauer und ihre Bestandtheile scheiden sich.   Säuren aller Arten thun eben dasselbe.

§. 934.

Diese Milch ist die erste natürliche angemessene Nahrung des neugebornen Kindes.   Die erste reinigt seine ersten Wege von dem darinnen natürlich vorhandenen Unrath (meconium).

§. 935.

Das Kind faßt die Warze zwischen die Lippen, umgiebt sie fest mit der Zunge, macht einen luftleeren Raum in dem Mund, und saugt folglich die Milch zu sich.

§. 936.

Diese wird hieben steif, und durch das Berühren der Lippen des Kindes, entstehet eine Wollust für die Mutter.

§. 937.

§. 937.

Die Absonderung der Milch geschiehet so lange das Kind an den Brüsten sauget. Durch die Entwöhnung wird sie wieder ins Blut eingesogen.

§. 938.

Nach der Entwöhnung fängt die monatliche Reinigung wieder an zu fließen. Selten wärend derselben.

Sechstes Kapitel.
Die in dem neugebornen Kinde vorgehende Veränderungen.

§. 939.

Ehe das Kind unter die Anzahl der Erwachsenen gerechnet werden kann, müssen viele Veränderungen mit ihm vorgehen. Diese betreffen entweder: 1. den Kreislauf des Bluts, 2. oder die Eingeweide, oder 3. die Werkzeuge der Sinnen, oder 4. die Knochen.

§. 940.

Die Kenntniß der in dem Kreislauf des Bluts vorfallenden Veränderungen, beruht auf der Wissenschaft des Unterscheids zwischen dem Kreislauf im Erwachsenen und der Frucht im Mutterleibe.

§. 941.

Die Frucht erhält ihr Blut aus dem Mutterkuchen durch die Vene des Nabelstranges (§. 691). Dieselbe steigt in dem Unterleibe nach aufwärts, geht zwischen beyden Lappen der Leber unten her nach ihrer innern Oberfläche, und mündet sich mit der Pfortader gleich in ihrem Eingang (porta).

N 5

§. 942.

§. 942.

Von der Pfortader geht dann ein Zweig von einer Vene nach der Hohlader (ductus venosus), welcher das Blut der Nabelschnurvene dahin bringt.

§. 943.

In dem Herzen hat das Blut einen ganz andern Kreislauf als bey Erwachsenen. Der Grund davon liegt in der Undurchgängigkeit der Lungen, welche kein Blut aus der Lungenarterie annehmen können. Daher die Natur Mittel suchen mußte, das Blut durch andere Wege gleich in die linken Herzhöhlen und die große Schlagader zu leiten.

§. 944.

Ein Theil des Bluts, welches durch die Hohlader zu dem rechten Herzohr kommt, wird durch die mit starken Muskelfibern versehene Eustachische Klappe nach dem linken Herzohr geleitet.

§. 945.

Zwischen diesen beyden ist die eyförmige Oeffnung (foramen ovale), mit einer Klappe von der Seite des linken Herzohrs bedeckt. Diese ist an dem obern Rand fest, an dem untern los; weicht dem Blut von dem rechten Herzohr, widersteht dem von dem linken.

§. 945.

Sollte es wohl richtiger seyn anzunehmen; die heraufsteigende Hohlader theile sich in zween Aeste, deren einer sich in das linke, der andre ins rechte Herzohr ergießt; daß also keine Gemeinschaft zwischen beyden Ohren nöthig sey.

§. 947.

Der in die rechte Herzkammer gehende Theil des Bluts, wird durch die Wirkung des Herzens in die
lungen=

Lungenarterie getrieben; aus derselben geht der kleinste Theil in die Lungen, der größte in den Botallischen Arteriengang, welcher nun die Hauptfortsetzung der Lungenarterie ist, und sich mit der großen Arterie mündet. So geht also das meiste Blut die Lungen vorbey.

§. 948.

Aus dem Körper des Kindes fließt das Blut durch die Nabelschnurarterien, welche aus den Unterbaucharterien entspringen, wieder nach dem Mutterkuchen.

§. 949.

Dieser Kreislauf dauert so lange bis das Kind zur Welt geboren. Das angefangene Athemholen, und die eigene Blutmachung des neugebornen Kindes, verursachen die nöthige Veränderung.

§. 950.

Die Nabelschnur vertrocknet am Bauchringe (annulus abdominalis), fällt weg, und hinterläßt eine Narbe. Die Nabelschnurarterien werden undurchgängig, die Vene wird zum runden Leberband, der venöse Gang verwächst.

§. 951.

Im Herzen schließt sich die eyförmige Oeffnung, und wird durch das Anwachsen der Klappe verschlossen. Der botallische Arteriengang verwächst ebenfalls und wird zu einem Bande, welches die Luftgenarterie mit der großen vereinigt.

§. 952.

Die in den Eingeweiden vorfallende Veränderungen kommen in der Brust und in dem Unterleibe vor. In der Brust sind die Lungen bey dem ungebornen

bornen in Waſſern ſchwimmenden Kinde klein, dicht, zuſammengefallen, undurchgängig, der Leber ähnlich, und gehen im Waſſer ſowohl ganz als ſtückweiſe unter.

§. 953.

Sobald das Kind geboren, und an die äußere Luft kommt, ſo nöthigt der ungewohnte Druck der Atmoſphäre das Kind zum Ein= und Ausathmen; die Lungen werden mit Luft angefüllt, erhaben, ſchwammig, und ſchwimmen im Waſſer. Die rechte Lunge wird eher ausgedehnt als die linke; und dieſe angehende Reſpiration iſt eben die Urſache der erwähnten Veränderung im Blutumlauf.

§. 954.

Der Unterleib iſt verhältnißmäßig bey neugebornen Kindern von größerem Umfang, als bey Erwachſenen. Die kurzen Rippen ſind mehr nach auswärts gebogen, die Spitze des Bruſtbeins mehr aufwerts; das Becken ungleich kleiner. Vermuthlich iſt es die Wirkung der Bauchmuskeln, den untern Theil der Bruſt gewölbter, das Becken im Wachsthum tiefer zu machen.

§. 955.

Uebrigens iſt bey dem Kinde der Magen faſt ſenkrecht und rund, die Leber groß. Dieſe zieht ſich, vielleicht durch die Wirkung des Zwerchfells näher zuſammen, und der Magen dehnt ſich aus.

§. 956.

Die Galle hat noch nicht ihre Wirkſamkeit und Bitterkeit, dieſe kommt erſt nach und nach.

§. 957.

Der blinde Darm bildet bey dem Kinde mit dem wurmförmigen Fortſatz einen ſpitz zulaufenden Darm. Durch die Anhäufung und Sammlung
des

des Unraths, wird die eine Seite in einen Sack aus
gedehnt, und die Spitze wird zum wurmförmigen
Fortsatz.

§. 958.

Die Nieren haben eine höckerige Gestalt mit
verschiedenen Einschnitten; diese verliert sich in eine
glatte Oberfläche des ganzen Eingeweides.

§. 959.

Bey dem männlichen Geschlecht gehen die Ho
den kurz vor, oder bald nach der Geburt in den
Sack, die linke eher als die rechte. Bey ihrem
Herabsteigen bilden sich erst ihre umgebende Häute.

§. 960.

Die Harnblase ist länglicht, liegt ganz ausserr
halb dem Becken, und ist durch den aus ihrer obersten Spitze entstehenden Urachus, dessen Höhle sich
nicht weit über seinen Ursprung erstreckt, an den
Nabel befestigt. Besteht wohl hierinnen allein der
Nutzen des Urachus, oder endigt er sich in eine
Allantois? Gewiß ist es, daß er bey dem Erwachsenen völlig undurchgängig und zu einem Band
wird.

§. 961.

Die Werkzeuge der Sinnen sind bey dem Kinde
noch mehrentheils unbrauchbar; die Empfindungen
von Hunger und Durst sind die ersten. Der Stern
im Auge ist mit einer Haut bezogen; die Ohren mit
einer schleimigen Membran bedeckt. Nur der Geschmack giebt Kennzeichen seines Daseyns.

§. 962.

Die Knochen sind noch unvollkommen; anfangs
sind sie Häute, hernach Knorpel. Die Knochenwerdung fängt sowohl in den langen als in den plat-
ten

ten Knochen in der Mitte an (punctum ossificatio-
nis), an den Enden sind die Ansätze (epiphysis) noch
knorplicht, und von dem Knochen selbst verschieden.

§. 963.

Die Zähne liegen beym neugebornen Kinde schon
in ihren Zahnhöhlen; die Krone entsteht zuerst, nicht
aus einem Keim, sondern aus einem Tropfen Lymphe. Mit kommenden Jahren bedarf der Mensch
mehrerer und festerer Zähne, daher auch im 6ten
oder 7ten Jahre ein zweyter Zahnausbruch entsteht.

§. 964.

An der Hirnschaale lassen die Seitenknochen so
wohl oben unter sich, als hinten mit dem Hinter-
hauptbeine einen Zwischenraum (fontanella) welchet
sich erst mit der Zeit anfüllt.

§. 965.

Die Knochenwerdung geschiehet durch den Kno-
chensaft, welcher nach und nach die Gefäße anfüllt,
und sich in die Zwischenräume ergießt.

§. 966.

Selbst die Muskeln haben noch nicht die gehörige Kraft, die Glieder zu bewegen: diese kommt
erst mit den Jahren, und so gelangt allmählich das
Kind zur Anzahl der Erwachsenen.

Siebentes Kapitel.

Die Ernährung.

§. 967.

Der Bildungstrieb äußert auch seine Thätigkeit
in der Ernährung des m. K. und Ergänzung des verlohrnen.

§. 968.

§. 968.

Die festen und flüssigen Theile des Körpers
(§. 26.) u. f. sind in einer immerwährenden Bewegung, und verlieren durch das daher entstehende
Reiben augenblicklich kleine Theilchen, welche durch
die Ausführungen verlohren gehen.

§. 969.

Das Verlohrne muß wieder ersetzt werden. Die
flüssigen Theile werden durch den Milchsaft ersetzt
(§. 185.). Feste Theile werden aus dem Blut ergänzt.

§. 970.

Die Wirkung der Natur, wodurch die festen
Theile aus dem Blut ersetzt werden, wird insbesondere die Ernährung genannt; zur Einsicht dieser
Verrichtung müssen folgende Sätze zum voraus fest
gesetzt werden.

§. 971.

Der menschliche Körper besteht nicht bloß aus
Gefäßen; sondern in einem jeden Theil ist eine eigene
Substanz, in welche jene durch das zellichte Gewebe
eingeflochten werden.

§. 972.

Nach der Verschiedenheit der Substanz der
Theile, ist auch der ernährende Saft verschieden,
welcher zur Ergänzung der verlohrnen Theile geschickt ist.

§. 973.

Wir wissen aber nicht, welcher Saft insbesondere zur Ernährung eines gewissen Theils bestimmt ist.

§. 974.

§. 974.

Die Lymphe ist nicht der allgemeine Nahrungs=
saft aller Theile des Körpers.

§. 975.

Die Werkzeuge der Ernährung sind das Herz
und die Gefäße, vermöge ihrer Lebens= und Ner=
venkraft.

§. 976.

Die Natur folgt in der Ernährung der Theile
gewissen Gesetzen, welche nur durch die Beobach=
tung erkannt werden können.

§. 977.

1) Durch die Gesetze der Absonderung (II. Ab=
schnitt, Kap. 6.) werden zu einem jeden Theil des
Körpers hauptsächlich diejenige Theile des Geblüts
gebracht, welche zur Ernährung desselben geschickt
sind.

§. 978.

2) Diese werden durch die Kraft der Gefäße
und des Theils selbst zubereitet, und den Fasern sei=
ner Substanz ähnlich gemacht, wodurch sie zur Er=
gänzung der verlohrnen noch tüchtiger werden.

§. 979.

3) Sie werden hierauf an die Stellen der ver=
lohrnen gesetzt, in die gehörige Gestalt, Ordnung,
Dichtigkeit gebracht und in organische Fasern ver=
wandelt.

§. 980.

4) Die neuentstandene Fasern werden mit der
allen festen Theilen des Körpers eigenen Lebens= und
Nervenkraft begabt.

§. 981.

§. 981.

Wir bemerken in Rücksicht auf die Ernährung in dem Menschen, drey verschiedene Zeitläufte: 1) Das Wachsthum. 2) Den Stillstand. 3) Das Abnehmen.

§. 982.

In dem Wachsthum wird mehr zugesetzt, als verlohren gehet; in dem Stillstand ist das Verhältniß gleich; in dem Abnehmen gehet mehr verloren als ersetzt wird.

§. 983.

Das Wachsthum gehet desto schneller vor sich, je näher der Mensch seinem Ursprung ist, und dauert gewöhnlich bis zur völligen Mannbarkeit.

§. 984.

Das Verhältniß der Geschwindigkeit des Wachsthums kann nicht berechnet werden: es ist hierinnen ein gewisser Unterscheid unter den Menschen, welcher von den Temperamenten, der Leibesbeschaffenheit und andren Umständen abhängt.

§. 985.

Die Gründe dieses schnellen Wachsthums sind folgende: 1) Ist mehr Nahrungssaft zugegen als bey Erwachsenen. 2) Sind die festen Theile weicher und der Ausdehnung fähiger. 3) Sind mehr Werkzeuge der Nahrung, nemlich Gefäße zugegen. 4) Ist die Kraft des Herzens gegen die übrigen Theile stärker.

§. 986.

In dem Stillstand bleiben wir bis zu dem angehenden Alter; in demselben ist gerade so viel Nahrungssaft da, als Theile verloren gegangen; die fe-

O   sten

ſten Theile widerſtehen der Ausdehnung; die Kraft des Herzens iſt gegen dieſelben vermindert.

§. 987.

In dem Stillſtand beſonders ſammelt ſich oft vieles Fett in dem zellichten Gewebe an (§. 12.).

§. 988.

Bey angehendem Alter fängt das Abnehmen an. 1) Weil weniger Nahrungsſaft zugegen iſt, als zur gänzlichen Erſetzung erforderlich wäre. 2) Weil dieſe wenige Materie ſchlecht beſchaffen, und allzu erdigt iſt. 3) Weil die feſten Theile durch die öfteren Bewegungen ſteif und unausdehnbar worden. 4) Weil die meiſten kleinen Gefäße verwachſen. 5) Weil das Herz ſchwach und ſelbſt ſteif geworden.

§. 989.

Die Gränzen dieſer dreyen Zeitläufte können nicht genau beſtimmt werden.

§. 990.

Wenn die Urſachen des Alters (§. 236.) aufs höchſte geſtiegen, und das Herz durch den Widerſtand der feſten Theile überwunden wird, ſo erfolgt der natürliche Tod.

§. 991.

Nach dem Tod entſteht in dem thieriſchen Körper eine innerliche Bewegung, welche die Fäulung genannt wird; wodurch ein flüchtiges Aſchenſalz erzeugt, der Bau der Theile zerſtört und in ſeine Grundtheile aufgelößt wird.

§. 992.

Der Menſch lebt unter allen Thieren verhältnißweiſe am längſten.

§. 993.

§. 993.

Das gewöhnlich höchste menschliche Alter ist von 80 — 90 Jahren.

§. 994.

Wenige gelangen bis zum 120 — 150 sten Jahre.

§. 995.

Beynahe der 4te Theil der Gebornen stirbt im ersten Lebensjahre.

§. 996.

Die Hälfte der Gebornen erlebt im Ganzen nicht das 10te Jahr.

§. 997.

Die wenigsten der übrig gebliebenen sterben zwischen dem 10 ten und 20 sten Jahre.

§. 998.

Die meisten hingegen zwischen dem 20sten und 60 sten Jahre.

§. 999.

Unglücksfälle und Krankheiten sind die am öftersten vorkommenden Todes-Ursachen: die wenigsten Menschen gelangen zu dem hohen Alter, dessen die menschliche Natur fähig ist.

§. 1000.

Das Mittel aber dahin zu gelangen, ist der rechtmässige Gebrauch der sechs nicht natürlichen Dinge: hier gränzt die Physiologie an die Diätetik.